Descubriendo la mitología griega

Una guía sobre el mundo de los dioses y las diosas griegas para principiantes

Por Lucas Russo

participa en la prestación de asesoramiento legal, financiero, médico o profesional. El contenido de este libro se ha derivado de varias fuentes. Consulte a un profesional con licencia antes de intentar cualquier técnica descrita en este libro.

Al leer este documento, el lector acepta que en ningún caso el autor es responsable de las pérdidas, directas o indirectas, que se incurran como resultado del uso de la información contenida en este documento, incluidos, entre otros, errores, omisiones o inexactitudes.

Tabla de contenido

Introducción

De todos los rasgos notables y asombrosos que hacen que los seres humanos seamos lo que somos, el más impresionante es nuestra capacidad para explicar los detalles del mundo que nos rodea a través de la historia, y transmitir esa información a las generaciones posteriores que siguen sobreviviendo. El cuento chino, el pez atrapado que crece tanto como pueda al extender sus brazos, e incluso la fábula, todo ello contribuye a una riqueza de conocimientos cada vez mayor que nos conecta a través del tiempo y el espacio como un pueblo desarticulado, pero unificado. Es a través de los elementos comunes de la historia como construimos una cultura, una religión y una sociedad, y ninguno de ellos ha tenido mayor impacto en el mundo occidental que los antiguos griegos.

Además, nada ha tenido un impacto más significativo en la narración y la codificación de historias que la palabra escrita, de la que los griegos afirman que es la lengua más antigua que se conserva en el mundo occidental. El idioma sumerio, también llamado lengua sumeria de la antigua Mesopotamia, para ser claros, reclama el título de idioma alfabético escrito "más antiguo", pero cayó en desuso en algún momento después del tercer milenio antes de Cristo. A través de la ordenación de su alfabeto en sílabas y palabras, los antiguos griegos forjaron una serie de explicaciones sobre el mundo que aún hoy en día siguen vivas y respiran. Todavía están llenas de asombro y poder y, nos permiten como lectores, echar un vistazo a las mentes, los corazones y los miedos de todo un pueblo que está separado de nosotros por el tiempo, mas no por la emoción o la inteligencia.

Los antiguos griegos y su mitología ocupan una parte indiscutiblemente fundamental en la literatura occidental. Sus figuras y acontecimientos han sido aludidos y personificados cada vez más por cada generación de escritores que se ocupan de ellos. El Caballo de Troya, por ejemplo, ha pasado del desierto de la Ilíada a la severa fortaleza de piedra del eufemismo inglés moderno, donde se ha asentado en un uso típicamente mucho menos dramático. Debemos concluir, pues, que la razón principal de la supervivencia de estos textos se debe a su difusión escrita y, como tal, debemos utilizar este hecho para establecer "cuándo" estamos hablando de la Antigua Grecia y sus mitos.

Llegamos a un punto interesante: específicamente, debemos establecer el contexto fáctico cuando se trata de obras de ficción. La "Antigua Grecia" puede tomarse como un área nebulosa, principalmente geográfica, que se extiende desde la isla de Creta, al sur de los "dedos" del continente griego y hasta el este de las costas de Turquía. Estas fronteras se mantuvieron hasta la conquista romana de Grecia y, según las pruebas arqueológicas, probablemente más atrás; hasta el año 7000 a.C. Entre esos dos puntos, los líderes intercambiaron tierras y títulos, las personas intercambiaron bienes y culturas, y los ejércitos intercambiaron cuerpos y sangre. Todo lo cual se hizo cada vez más difícil de cartografiar sin ningún método de documentación. Por ello, a efectos de este libro, situaremos con seguridad nuestra versión de la "Antigua Grecia" en algún lugar entre los dos puntos históricos más lejanos: entre los siglos VIII y VII a.C., o alrededor de la primera aparición conocida de los escritos de Homero, el gran poeta griego.

¿Por qué empezar por Homero? ¿Por qué no rastrear la mitología hasta sus raíces, intentar desenterrar sus esencias, sus orígenes y su "verdad"? Estas son preguntas justas y ciertamente interesantes, pero no pertenecen al ámbito de lo estrictamente histórico. Estas cuestiones se sitúan más bien en el ámbito de lo arqueológico. No nos preocupan las razones por las que los mitos llegaron a existir, simplemente que ya han llegado empaquetados y listos para nuestro disfrute y admiración. En esencia, nuestro enfoque no es el del botánico, preocupado por cómo cada parte de la planta la compone y la sostiene; sino el del jardinero, que con el mismo nivel de cuidado, mantiene las plantas vivas por el bien de la flor.

Por lo tanto, elegimos a Homero como punto de partida porque su obra marca los primeros sucesos en la historia de la Antigua Grecia, en los que los reinos etéreos y cultuales de la mitología griega y sus escritos se entremezclan con el reino de los asuntos humanos. En esta época, asistimos a la codificación de los mitos de los semidioses: un testimonio de los griegos tanto del poder del ser humano, como de la atención que el Olimpo podía prestar a sus creaciones. La obra de Homero equilibró el poder entre la humanidad y aquellos seres omnipotentes que una vez estuvieron por encima y por debajo de la tierra. Al dotar de razonamiento y emociones humanas al panteón griego, las deidades se hicieron más comprensibles, menos temidas y, por tanto, más respetadas. Los mitos y la religión de los antiguos griegos ya no estaban separados como antes se imaginaba que los cielos se separaban de la tierra, sino que, en el horizonte de los siglos de Homero, se habían fusionado, para no volver a dividirse en la escritura.

¿Cómo era entonces nuestra Antigua Grecia? Conocemos sus fronteras, pero como ocurre con cualquier civilización en cualquier lugar del espacio o del tiempo, siempre es más sofisticado y complejo que marcar el territorio en un mapa, especialmente en el caso de la Antigua Grecia. En la época de Homero, nuestra Grecia se había dividido en muchos asentamientos pequeños y autónomos, que surgieron principalmente debido a la geografía de la región. Con montañas y valles en el continente, y cadenas de islas en el sur, el transporte y la comunicación en masa eran increíblemente difíciles. Cada comunidad estaba esencialmente aislada de sus homólogas por la montaña o el mar y, como tal, por necesidad, por lo que tenían que depender de la autosuficiencia para sobrevivir.

Sin embargo, había varias ciudades-estado "dominantes" en los asuntos griegos: Atenas, Esparta, Tebas y Corinto, todas las cuales, debido a sus ventajas poblacionales y geográficas, mantenían un amplio control sobre los estados más pequeños. Asimismo, mediante una serie de intrincadas alianzas y tratados, podían recurrir a ellos en defensa o en tiempos de conflicto. Conocemos a Atenas por su importancia cultural y política como cuna del pensamiento democrático. A Esparta por su dominio militar y su austeridad, de la que obtenemos las palabras "escasa" y "espartana", y que allanó el camino para la expansión de las fronteras de Grecia y, a su vez, de su población. Con esta explosión demográfica y el hacinamiento de las ciudades-estado establecidas en el siglo VII a.C., se establecieron nuevas colonias a lo largo de todo el territorio recién conquistado del Mediterráneo griego. Los colonos fundaron estas ciudades en nombre de las deidades de las ciudades-estado de las que procedían, rezando y sacrificando para obtener prosperidad y protección. Esto es una pequeña prueba de que uno de los agentes aglutinantes en la Antigua Grecia era el hecho de una religión universal.

En la época de Homero, esa religión era un complejo entramado de significados, interpretaciones y representaciones entrelazadas. Las deidades ya no eran representantes de eventos o conceptos únicos, sino que compartían la carga de sus compañeros divinos. Una colonia de una ciudad-estado consagrada a Deméter, como ejemplo hipotético, podía compartir la misma deidad que su ciudad-estado, aunque las necesidades de los asentamientos podían diferir significativamente, lo que daba lugar a la responsabilidad de Deméter por la cosecha, así como a la precedencia legal. Cuando se terminó el Partenón, a mediados del siglo V a.C., el panteón de las deidades griegas comenzó a parecerse cada vez más a las columnas individuales del palacio de Atenea. Aunque cada una tenía su función individual, servían juntas, sosteniendo un techo para proteger a sus patrocinadores de lo desconocido.

Aquí es donde entra este libro. Existen innumerables fuentes sobre la mitología griega, de hecho, se podría dedicar un libro entero a cómo estos mitos han cambiado de manos y de lecturas a lo largo de los siglos, y estoy casi seguro de que ya se ha hecho. Lo que este libro pretende es desenredar los hilos que componen ese entramado de columnas divinas y verlos por sí mismos. En términos más sencillos, el objetivo es presentar a estas deidades, semidioses y criaturas tal y como fueron entendidos y apreciados a través de las historias tejidas sobre ellos y sus reinos. No se trata de complicar en exceso los mitos mediante citas y contracitas, sino de dilucidar y comprimir a través de sencillez en la organización y una articulación de las comprensiones comunes. Lo ideal es que el lector desarrolle sus propias preguntas e investigue más sobre las mitologías y su impacto en el mundo occidental.

Como tal, este libro debe servir de base para el conocimiento de los mitos y las figuras de la Antigua Grecia y no pretender agotar todas las fuentes y cuestiones. Representa una introducción al mundo de los mitos griegos. En definitiva, ha de servir para apreciar la historia de la narración, para disipar el miedo a lo desconocido a través del conflicto, la cooperación y el compromiso humano y divino. Se trata de ayudar a iluminar la profundidad y la amplitud de las comedias y tragedias universales que, a través del espacio y del tiempo, resuenan en nosotros porque en cierto modo, las hemos vivido nosotros mismos. Son historias a las que debemos acercarnos sin buscar una "verdad" objetiva, científica o incluso religiosa y, en su lugar, dar paso a las verdades que comunican de humano a humano. Aunque el politeísmo hace tiempo que desapareció del pensamiento y la práctica religiosa de Occidente, creemos que al abordar estos mitos, debemos guardar cierta reverencia por estas creaciones antaño omnipotentes y omnipresentes, que fueron provocadas por la mente humana, la cual en sí misma, es la fuerza creativa más poderosa jamás conocida.

Capítulo 1:

Recuerda a los titanes

Al adentrarnos en el mundo de la mitología griega, al igual que en cualquier religión y sus textos, es imprescindible empezar por el comienzo del mundo. ¿Quién lo creó? ¿Cómo surgió? ¿Por qué es como es ahora? ¿Siempre fue así? Estas preguntas son especialmente importantes en la mitología griega, ya que sus respuestas sirven de base para las respuestas emocionales y las razones de todas las grandes deidades griegas a lo largo de su historia. Un concepto que debemos tener en cuenta al evaluar estos relatos, es que la omnipotencia nunca equivale a la satisfacción o la confianza. De hecho, el panteón griego funciona de forma similar a la corte aristocrática de Luis XIV, es decir, sus actores se mueven de forma encubierta, elegante, manipuladora y, sobre todo, celosa. A nosotros, como lectores o quizás simples mortales, no se nos escapa el pensamiento que nos asalta al ver estas historias: *¿los dioses están simplemente aburridos de la vida eterna?* Quizás sí, pero como veremos al evaluar los inicios del panteón olímpico, lo único más difícil que obtener el control del cosmos, es mantenerlo.

Caos, Urano y Gaia

El cosmos griego comenzó con Gea, quien fue llamada la "madre tierra", un concepto que aún mantenemos hoy en día, y con Urano. Los filósofos griegos especulan que antes de estos dos existió el Caos, traducido como abismo, que no era ni deidad ni demonio, aunque poseía cualidades de ambos. Un pensador, Ferécides de Siros, afirmó que el Caos se parecía más al agua, en cuanto a que es "algo sin forma que puede diferenciarse". Se ha articulado como el espacio unificado del cielo y la tierra antes de su separación, dando lugar a nuestras dos entidades divinas. Curiosamente, los antiguos griegos aplazaron el debate sobre el mundo anterior a la creación al ámbito de la filosofía, no al de la religión, y denominaron a este campo "cosmogonía".

Algunas fuentes, como la Teogonía de Hesíodo y la Biblioteca de Apolodoro, apuntan a una concepción inmaculada de Urano por parte de Gea, otras, desde los poetas espartanos hasta Cicerón, de la antigua Roma, en su De Natura Deorum, señalan a Éter (también conocido como Aether o Aither) como padre de Urano, que era el dios del "aire superior", o el aire que respiraban los dioses. Aunque el parentesco puede ser discutido, el concepto importante a tener en cuenta es que estas dos deidades existen para los antiguos griegos en un tiempo y espacio anteriores a la forma, y son responsables, a través de la experimentación y la descendencia, de dar forma al mundo. Una forma que de otro modo no tendría. No es sino hasta las siguientes generaciones de deidades, cuando vemos la aparición de la divinidad que se asemeja a la humanidad, llegando un titán a crear la humanidad con sus propias manos.

A pesar de no dar a estas deidades originales una forma específica y reconocible, es importante señalar que los antiguos griegos les otorgaron personalidad. Estos divinos se regían, como veremos, por algo inquietantemente cercano a la emoción humana. Los primeros dioses y sus hijos nos dan una visión estupenda de la lógica de la Antigua Grecia: por muy ubicua que fueran la energía divina y la naturaleza, siempre estaban bajo el pulgar defectuoso del dominio humano. Aunque había muchos misterios en torno al mundo antiguo, los griegos se situaban en el centro del mismo y estaban convencidos de que sus modos de pensar eran lo más parecido a lo divino.

Urano, según todos los indicios y a pesar de su controvertido origen, es universalmente considerado, como lo escribe Apolodoro, "el primero que gobernó al mundo". Aquí vemos por primera vez a los griegos dando preferencia al ciclo, gracias al reino de Urano del aire celestial. Podría ser que el cielo recibiera este peso debido a su intangibilidad, también podría ser que los antiguos griegos estructuraran su entorno físico en una simple jerarquía: naturalmente, el cielo existe sobre la tierra y el mar, y la tierra y el mar sobre el inframundo. Este es un tema que se articulará y se hará más evidente a lo largo de todo nuestro estudio de la mitología griega: los dominios y, por tanto, las deidades del cielo y el mar, dominan perpetuamente el reino de la tierra debido, en parte, a sus inmensas cualidades incognoscibles y, por tanto, temibles.

Independientemente de su procedencia, Urano tuvo doce hijos con Gea, y estos fueron los titanes, que dividieron aún más el cosmos en sus reinos, desde los expansivos y concretos, como los océanos, hasta los insondables e intrincados, como el tiempo. Los dos tenían otros hijos que caminaban por la tierra y llevaban las primeras y grotescas marcas de la forma humana: se trataba de los "cinco cíclopes", los cuales eran criaturas corpulentas de un solo ojo, y los tres "hecatónquiros", o los "cien manos". Estos, como se puede adivinar, eran behemots o bestias, insuperables en "tamaño y fuerza", cubiertos con cien manos y cincuenta cabezas.

Si quieres saber más acerca de todos los nombres de estas criaturas, puedes buscarlos fácilmente, ya que no son lo suficientemente importantes para nuestra exploración de las mitologías como para profundizar en ellos. De los conjuntos de niños, los que exigen nuestra atención más apremiante y escrutadora lo serán los "doce titanes", aunque es importante preparar el escenario para su surgimiento a través de los cíclopes y sus hermanos de cien manos.

Los descendientes con apariencia humana de las dos deidades originales fueron despreciados por Urano, quien estableciendo el escenario temático para muchos mitos venideros, ató y empujó a los cinco cíclopes y a los tres "cien manos" al Tártaro: el vacío bajo la tierra, un lugar "tan distante de la tierra como la tierra del cielo", según nuestro viejo amigo Apolodoro. La cosmogonía griega señala que el Tártaro está por debajo del Caos en la antigua tarta de capas del mundo, mientras que el Caos está por debajo de la tierra. Esto dejaba a los doce titanes como los únicos herederos eventuales de la tierra y el cosmos, aunque, como veremos, nada podría ser tan fácil. Ni siquiera para los divinos.

Cronos y Rea

Aunque hubo doce titanes, trece según algunos recuentos, los que nos conciernen son Cronos, el titán más joven y gobernante del tiempo, y Rea, su hermana mayor y eventual esposa, la "madre de los dioses". De estos dos surgieron los más reconocibles e inmortales de la antigua religión griega: los dioses y diosas del Olimpo, los que viven hoy como los nobles sujetos de la literatura y el arte.

Cronos, al igual que su madre Gea, ha sobrevivido en su concepto a través de los tiempos. Se le representa de diversas maneras y se le interpreta de distintas formas, ya sea desde el benévolo "Padre Tiempo", al que a veces se le llama "Papá Noel" en ciertas épocas festivas del año, hasta el espectro de la muerte encapuchado y con guadaña al que llamamos "la Parca", Cronos es, en cierto sentido, el único maestro verdadero que queda de su antiguo dominio.

También es importante señalar que era el más joven de los doce titanes. El cosmos se habría dividido según los espacios y los objetos divinos en los océanos, la luna y el sol. Estos tenían sus respectivos gobernantes titanes, pero hasta que Cronos llegó a existir, todo era estático. Al ser el más joven de los titanes, representa la acción, la energía juvenil y el cambio y barajado constantes. Además, según muchas fuentes griegas y modernas, es un símbolo de la superación de las brechas, del movimiento simultáneo de acercamiento y alejamiento de objetivos y metas. Por lo tanto, no es de extrañar que a medida que se desarrollaba la mitología de los griegos, su apariencia y sus objetivos cambiaran considerablemente, al igual que sus propósitos de culto.

Rea, por su parte, ocupa un lugar mucho menos concreto en estos relatos. Aparte de su papel como madre de los olímpicos, ha sido excluida del propio monte Olimpo. Por alguna razón, los antiguos griegos no la consideraban olímpica por derecho propio. En los antiguos debates sobre el origen de los olímpicos se la cita como un río, y en textos posteriores se determina que es la "Gran Madre", de la que dependen, según Apolodoro, "los vientos, el océano, y toda la tierra bajo la sede nevada del Olimpo". Entonces, no supone un salto demasiado grande imaginar a Rea ocupando el mundo siempre cambiante dentro del tiempo, de los cambios manifiestos que presenciamos con el paso del tiempo: "cada padre del tiempo requiere a su madre naturaleza".

Pero, ¿en qué se diferencia Rea de Gaia? Es una pregunta justa. Ambas son representaciones femeninas del planeta o del mundo circundante. Seguramente es tenue separarlas por líneas meramente hereditarias. Es cierto que ambas diosas son similares en sus dominios, y esto puede dar lugar a confusión en sus funciones, pero hay que hacer una distinción importante: es en las manifestaciones del cambio en el mundo físico donde se diferencia Rea de Gea. Esta última sigue siendo la representación divina de la tierra estática y sólida, carente de cambios.

Surge una interesante diferencia entre los padres de las deidades olímpicas: sus formas de culto y apreciación. Se puede afirmar sin duda que el panteón griego era patriarcal, pues el más poderoso de todos los divinos era varón, al igual que casi todos los semidioses. No obstante, a la hora de rendir culto a las divinidades más antiguas y primordiales, encontramos pruebas asombrosas de que Rea gozaba de un nivel de actividad cultual que no tenía su homólogo masculino. En todo el mundo mediterráneo antiguo existen ruinas de templos presuntamente dedicados a Rea, mientras que los monumentos y las devociones a Cronos se limitan a un solo día de fiesta. Tal vez esto se deba a los papeles individuales que cada uno de ellos desempeñó a lo largo de la historia de la mitología griega. Cronos, como veremos, está ciertamente a la altura de su personaje, esquelético y con túnica. Por otro lado, hay que tener en cuenta la noción de tangibilidad en la apreciación y el culto a Rea.

El mundo antiguo griego, como hemos establecido, estaba lleno de lo desconocido. Lo que había más allá, por no decir debajo del océano, se dejaba librado a los terribles juguetes de la imaginación de la mente. Lo mismo ocurría con el aire, era un espacio infinito e insondable. Es importante señalar que ambos dominios estaban controlados por los hombres en términos de mitología. No solo la tierra y su personificación eran femeninas, sino que también era el reino de lo visto, lo sentido y lo oído, donde los griegos vivían y respiraban, luchaban y morían.

Lo que vemos con la introducción de la primera generación de divinos, es la aparición de un único tema: el cambio.

Antes de Cronos, Rea y las otras parejas, el mundo era simplemente quieto e inmóvil, dos rasgos distintos que están muy alejados de la experiencia humana. Así, nos encontramos de nuevo con la noción de que los griegos infundieron elementos humanos en su religión y no dejaron que los elementos y las prácticas religiosas gobernaran o justificaran sus contrapartidas humanas.

El comienzo de la Edad de Oro

A pesar de la infinidad de desacuerdos entre las fuentes mitológicas respecto a las primeras deidades griegas, una cosa es cierta: en algún momento, Cronos usurpó el trono de su padre Urano en los cielos mediante el uso de violencia. Este primer acto de destrucción abrió la puerta a todas las conspiraciones divinas que siguieron.

Como sabemos, Urano había arrojado a las profundidades de la tierra a varios de sus hijos: los cíclopes y los hecatónquiros, lo que provocó la ira y el rencor de Gea y, según algunos relatos, también la hirió físicamente. Según la Teogonía de Hesíodo, Urano descendía sobre la tierra cada noche, cubriendo el mundo de oscuridad para aparearse con Gea. Se dice que desterró a sus hijos al Tártaro porque los encontraba horribles y deseaba que nunca vieran la luz del día. Habiendo dado a luz a los titanes, Gea, furiosa por supuesto con Urano por el maltrato hacia sus primogénitos, reclutó, según Hesíodo, al "más astuto, joven y terrible de sus hijos" para vengarse del despiadado Urano.

Cronos, en este asunto, no era del todo inocente. En muchas fuentes se le cita como cruel, odioso hacia su padre, o a menudo ambas cosas. Aunque inicialmente Gea había convocado a todos sus hijos para vengar sus destierros al Tártaro, solo Cronos respondió a la llamada, debido a su envidia irreductible del poder de Urano. Equipándolo con una hoz o, en algunos relatos, una guadaña que ella había fabricado con pedernal, instruyó al joven Cronos para que se escondiera en una emboscada y esperara el descenso nocturno de su padre. Armado con su arma y habiendo caído la noche, Cronos aprovechó su oportunidad y castró a su padre, arrojando sus genitales al mar.

La castración de Urano produjo dos resultados interesantes. El primero fue que la sangre de la herida de Urano, al caer en el suelo, dio lugar a la raza de los gigantes, quienes fueron otras criaturas como los cíclopes y los hecatónquiros, que tenían las características físicas de los seres humanos, aunque los gigantes eran notablemente mucho más cercanos en apariencia. La sangre de Urano también dio a luz a las tres furias. Podemos entender esto de varias maneras. Una interpretación, quizá demasiado sombría, es que la violencia engendra humanidad, ya que esos actos de gran daño físico nos acercan más a nuestro verdadero ser que cualquier experiencia placentera. Otra forma de ver este resultado es leer que el cambio es inevitable y, si uno permanece complaciente y excesivamente contento, el tiempo volverá a la persona impotente, por así decirlo.

El segundo acontecimiento debido a la desgracia de Urano, fue la aparición del primer olímpico. Después de que Cronos enviara las partes al océano, estas se sumergieron en el agua, creando una inmensa espuma blanca. De esa espuma floreció la diosa Afrodita, que pasó a representar la belleza, el amor, la pasión y la procreación. Al separar lo divino de sí mismo, por así decirlo, el mito griego se acerca cada vez más a la humanidad. Por un lado, nos quedamos con el cuerpo sin sexo de Urano, cuya sangre da lugar a las multitudes endurecidas y rocosas de los gigantes. Y por el otro lado, los trozos sensibles cortados y tragados por el mar sensual que conjura una única presencia de pasión imperecedera.

El desplazamiento de Urano dio lugar a lo que los eruditos, poetas y mitógrafos de la Antigua Grecia denominan "Edad de Oro". Cronos gobernaba la totalidad del cosmos sin oposición, la inmoralidad era desconocida y, por lo tanto, no había necesidad de costumbres legales. Los individuos de la época eran despreocupados y los alimentos abundaban. La Edad de Oro aparece por primera vez en la obra de Hesíodo, a la que ya nos hemos referido, y parece trascender el ámbito de lo religioso o mitológico, para sumergirse ligeramente en lo pseudohistórico. Por supuesto, no podemos considerar estos relatos como si tuvieran algún peso histórico, pero es intrigante constatar que existía la creencia de que una versión de la humanidad existió en la Edad de Oro de Cronos. Conceptualmente, quizá lo más parecido a esta creencia mitológica sea el jardín del Edén, en donde, según la Biblia, estaban los humanos, aunque se comportaban con los instintos de los animales.

Iapetus y Clymene

Al tratar las genealogías mitológicas, es necesario tomar en cuenta a aquellas parejas importantes pero periféricas, cuya referencia temprana ahorrará excesivas confusiones y explicaciones posteriores al hablar de los mitos de sus hijos. Con toda esa fanfarria llegan los titanes Iapetus y Clymene, quienes emparentados como Cronos y Rea, dieron origen a la segunda generación de titanes, entre los que destacan Atlas y Prometeo.

Se dice que Iapetus, hermano de Cronos, es el responsable del crecimiento y la multiplicación de la humanidad. Que sus hijos, los siguientes titanes, soportaron la carga de los rasgos más perversos de la humanidad. De hecho, este parece ser el caso, ya que podemos señalar la caída tanto de Prometeo como de Atlas, como locura humana y no tanto de interferencia o ira divina. Según algunos estudiosos, Iapetus ha sobrevivido hasta la época de la Biblia, donde se han establecido paralelismos entre él y Jápeto, el hijo de Noé en el Antiguo Testamento. Podemos ver las similitudes por nosotros mismos al analizar ambas personalidades: Iapetus, como Jápeto, es visto en ambos contextos religiosos como el "progenitor de la humanidad".

Mientras que Iapetus era un titán de la primera generación, su esposa Clymene era una oceánida, una ninfa del mar, hija de los titanes Océano y Tetis. Las oceánidas estaban encargadas del cuidado de los jóvenes y, sorprendentemente, no estaban estrictamente asociadas con el agua. Varias de las oceánidas aparecen como rocas, árboles e incluso continentes enteros a lo largo del mito griego. Aunque a menudo se les tenía en gran estima, nunca se les elevó al plano de la deificación.

Por lo tanto, parece adecuado que los hijos de un titán, un inmortal corpulento y una ninfa decididamente no divina, tuvieran hijos tan poderosos como defectuosos. A Atlas lo vemos representado incesantemente como el hombre que lleva la tierra sobre sus hombros, lo cual fue un castigo transmitido por su transgresión demasiado humana, que abordaremos con más detalle en los siguientes capítulos. Junto con Prometeo, su hermano, ambos conforman lo que se señalará como la primera evidencia de castigo físico en los mitos griegos y, como tal, se presta muy bien a una apariencia de brújula moral.

Hiperión y Teia

Hiperión y Teia, nuestro tercer grupo de titanes destacados, deben su importancia a su descendencia, al igual que Iapeto y Clímene. Hiperión tiende a revolcarse en una relativa oscuridad en comparación con sus hermanos y hermanas y, de hecho, se sabe o se registra extraordinariamente poco sobre él en lo que a historias se refiere. Lo que sí sabemos a través de varias fuentes antiguas, es que era vigilante y observador, diligente en su atención y, como tal, se convirtió en la primera entidad en comprender plenamente el cambio de las estaciones y el movimiento del tiempo. Fue venerado como dios de la luz, la vigilancia y el tiempo, aunque en una capacidad diferente a la de Cronos, que era un maestro del tiempo mismo. Vemos un movimiento más hacia la intersección de lo divino y lo humano con las propiedades otorgadas a Hiperión; observar, comprender y analizar son tres rasgos humanos muy distintos.

Por desgracia, el lugar de Teia en el panteón parece tan opaco, como el de muchas de sus compañeras diosas primordiales y titanes. Según algunas versiones, ocupa una posición similar a la de la madre de la tierra, ya que Píndaro se refiere a ella en una de sus muchas odas como "Teia de muchos nombres". Ella es la supuesta razón por la que la humanidad está fascinada con el oro, porque brilla y resplandece por su bendición. Es considerada como una diosa del "brillo", no de la riqueza o la prosperidad. Parece ser una pareja perfecta para Hiperión, ya que una de las mayores cualidades que la luz confiere a cualquier cosa es su brillo.

Entre ambos tuvieron tres hijos: Helion, Selene y Eos. El sol, la luna y el amanecer, respectivamente. Según el mito, en todo el cosmos, ninguna fue más admirada por su belleza y castidad que estas tres, lo cual, dada su ubicación cosmológica, tiene sentido. El sol y la luna, al estar aislados no solo entre sí, sino también de la tierra, despiertan en nosotros, incluso hoy, un sentimiento de asombro y admiración.

Según un relato, Helios y Selene no nacieron como sol y luna inmortales, sino que se convirtieron en tales a través de actos de violencia por celos (como es tan común en las antiguas mitologías griegas). Se dice que Teia se ganó el título de "Gran Madre" por ser la mayor de los doce titanes, y que crió a sus hermanos como una madre. Sin embargo, con el tiempo, surgió su deseo de tener sus propios hijos, y por tanto herederos del trono cósmico, y así tomó a Hiperión como marido y tuvo a sus tres hijos. Naturalmente, esto provocó los celos de los titanes restantes, que conspiraron contra su hermano ejecutándolo y secuestrando a Helios para ahogarlo en el río Eridanus. Cuando Selene descubrió lo sucedido a su hermano, se arrojó desde un tejado, mientras que Teia, aturdida, vagaba por las orillas del Eridanus en busca del cuerpo de su hijo. Mientras vagaba, tuvo una visión de su hijo. Este le dijo que no llorara la muerte de ninguno de sus hijos, pues en el futuro la venganza sería rápida y terrible para los titanes infractores, y sus hijos se transformarían en el Sol y la Luna inmortales. Aunque no podemos asegurar que sus hijos sean, de hecho, esos dos cuerpos celestes, sí sabemos que la primera mitad de la profecía de Helios es devastadoramente exacta.

Capítulo 2

El origen de los olímpicos

Remontar las mitologías griegas a sus mitos de creación es un proceso enmarañado y enrevesado. La dificultad radica en que ninguno de los primeros dioses primordiales tenía formas específicas, o más bien eran representativos de todas las cosas. Al examinar la fuente de materiales, los primeros eruditos, poetas y filósofos griegos, parece que la única recompensa insatisfactoria para nuestro escrutinio es un encogimiento de hombros retórico y antiguo. Los relatos que sobreviven parecen diferir, ya que los acuerdos mitológicos a los que apuntan esos documentos son, en su mayor parte, inexistentes y, por tanto, excesivamente difíciles de verificar. Nada parece seguro en la creación del universo, a pesar de la confianza con que estos pensadores tomaron la mitología como un hecho, el universo anterior a los olímpicos era vago y difícil de precisar en una serie de acontecimientos. A medida que el mundo antiguo se repartió entre las deidades, los elementos del mundo físico se codificaron y fueron más fáciles de explicar y desarrollar a través de la historia. En este capítulo, veremos la división del mundo natural en mayor profundidad, y el alejamiento de las deidades primordiales hacia el reino del familiar panteón olímpico que aún se celebra hoy en día.

Cronos y Rea

Comenzamos, una vez más, con nuestro conjunto de titanes indispensables: Cronos y Rea. En mitos anteriores, vimos que Cronos conspiró con su madre contra Urano, su padre, castrándolo y apartándolo del poder, dando paso a lo que los mitógrafos y poetas consideraron como la "Edad de Oro". El modo en que Cronos lo consiguió fue encarcelando a sus hermanos y hermanas, así como a los cíclopes y a los "cien manos", logrando así la posesión exclusiva de los reinos del universo.

En estos tiempos de paz y gobierno monárquico, Cronos y Rea, al igual que su padre y su madre antes que ellos, dieron a luz y criaron a varios hijos e hijas. Sus hijos se convertirían en las principales deidades del antiguo panteón griego: Zeus, Deméter, Hera, Hestia, Poseidón y Hades. Estos dioses acabarían dividiendo el mundo más que sus antepasados en líneas más concretas, abriendo la puerta a más mitos y moralejas, aunque ya nos estamos adelantando un poco.

Volviendo a la Edad de Oro, aunque Cronos y Rea controlaban el universo conocido en tiempos de paz inigualable, Gea profetizó que Cronos sería derrocado por sus hijos, del mismo modo que él había derrocado a su propio padre. La profecía desempeña un papel inmenso en la mitología y la práctica griegas. Desde los primeros mitos, se predice incluso el destino de las deidades. Así, los griegos se tomaron muy en serio las palabras de los oráculos en todo el Mediterráneo antiguo.

Cronos, a su astuta y terrible manera, estaba decidido a negar su destino. En un espectáculo de canibalismo ante lo desconocido, recurre a devorar a sus hijos al nacer, consumiéndolos y manteniéndolos dentro de su cuerpo. Lo que vemos es un cambio decidido en los valores y representaciones de Cronos: en los primeros días primordiales, es un liberador y progenitor de su familia de divinos, y al final de su Edad de Oro, ha llegado a representar el estancamiento, la ralentización del tiempo y la muerte final. Aquí hace honor a su imagen de la Parca. Portando aún su guadaña, es la marcha intemporal hacia el final, consumiendo los años y las multitudes de la juventud.

Igual de conspiradora que su madre, Rea no pudo presenciar la destrucción de sus hijos por parte de su padre y se llevó a su hijo menor a la isla de Creta, al sur de la Grecia continental, muy lejos de Cronos según las medidas antiguas. Habiendo visto a Cronos devorar a sus cinco primeros hijos, se negó a permitir que el mismo destino le ocurriera a Zeus. Sabía que no podría ocultar el nacimiento de Zeus a Cronos, así que envolvió una piedra en pañales y se la dio a Cronos para que la consumiera como a sus otros hijos. Esta piedra pasó a ser conocida como el Ónfalo, el centro u "ombligo" del mundo, cuyo simbolismo mitológico y literario se sigue evocando hoy en día. Según algunos relatos, confió el cuidado de su hijo menor a una cabra llamada Amaltea y a una tropa de bailarines con armadura, cuyos gritos y palmadas impedían a Cronos descubrir los gritos del joven Zeus. Otros relatos afirman que Zeus fue confiado al cuidado de Adamantea, una ninfa que suspendió a Zeus con una cuerda entre los reinos del cielo, la tierra y el mar, para ocultarlo de los ojos que todo lo ven de Cronos.

No importa cómo ni bajo quién, Zeus creció hasta convertirse en un ser poderoso y divino, y tras alcanzar la madurez recibió un veneno de Metis, que era una de las muchas ninfas marinas hijas de Océano y una representación de la astucia mágica. Se lo impuso a su padre, que vomitó toda la juventud que había consumido, aunque en orden inverso: primero cayó la piedra de su boca, seguida de sus hijos de menor a mayor, de Poseidón a Deméter, y Hestia, Hades y Hera entre ellos. Cronos, por supuesto, siendo divino y cruel, no quiso morir ni abdicar, y el asalto a su trono estalló en una guerra apocalíptica a gran escala conocida como la Titanomaquia, la cual exploraremos en la siguiente sección.

Al examinar la primera parte de este mito, nos encontramos con la aparición de nuevos temas y algunos que ya hemos visitado anteriormente. El primero, y el más predominante, es la opresión de la juventud y su eventual e inevitable venganza. Urano aprisionó a varios grupos de hijos bajo la tierra. Cronos aprisionó a todos sus hijos excepto a uno dentro de su cuerpo. Ambos, cayeron bajo la venganza de sus hijos más jóvenes con la ayuda de sus madres, lo que nos lleva a un segundo tema. De nuevo, vemos que, aunque el panteón griego es principalmente un patriarcado, la sabiduría y la aportación divina femenina son esenciales en estas historias. Esta noción se trasladó al culto religioso práctico de los griegos, ya que los oráculos y adivinos de todo el Mediterráneo antiguo eran decididamente mujeres jóvenes.

Un nuevo tema que surge en el ascenso de Zeus es el del don divino, ya que a lo largo de la mitología griega en adelante, los dones de lo alto son imprescindibles para el éxito de los héroes, en particular de los semidioses. Gracias a estos dones, que van desde el simple veneno de Metis hasta el caballo alado de Perseo, los justos triunfan sobre los desdichados, a pesar de las probabilidades divinas. A través del concepto de donación divina, los griegos se acercan en sus historias a sus divinos y acercan a esas deidades al ámbito de lo humano. También sirve como tema para justificar las hazañas de los semidioses como tales. Como veremos, si un ser humano recibe un objeto del monte Olimpo, ¿cómo no va a tener algún parecido más cercano con Zeus que un hombre que no ha recibido nada?

Por último, lo que se desprende de esta historia son lugares concretos. En los eones primordiales de Urano, no había "lugares" tal y como los imaginamos o conocemos. El mundo era tan nebuloso como la propia noche. Los acontecimientos sucedían rápidamente en su interior y sin contexto. Vemos que, con el surgimiento de los olímpicos, los griegos otorgan a sus mitos un sentido de su mundo construido, mientras que el río que ahogó al joven Helios era ficticio, la isla donde se crió Zeus está arraigada en el reino de los hechos, aunque su historia sea simbólica.

La Titanomaquia

La batalla entre los dioses fue llamada la Titanomaquia. Según Hesíodo duró diez años, y enfrentó a Cronos y su antiguo régimen con sus hijos e hijas, conocidos como los olímpicos. Tras obligar a su padre a repudiar a sus hermanos, Zeus se puso a trabajar para liberar del Tártaro a los cíclopes y a los cien manos para que le ayudaran a derrocar a Cronos. Cronos llamó a sus hermanos titanes, antes tan reacios a entrar en conflicto, y las líneas de batalla para la guerra del destino del cosmos, fueron trazadas.

Es importante señalar que, si bien las lealtades en esta guerra se dividieron en líneas generacionales, los titanes Temis y Prometeo rompieron filas y se pusieron del lado de los olímpicos. Temis, por su parte, era la representación primordial del orden, la justicia y la ley natural. Prometeo, como sabemos, es un Titán con rasgos y defectos humanos, y es uno de los cuatro hijos de Iapetus. Una vez más, la combinación de ambos tiende un puente entre lo humano y lo divino para los antiguos griegos. Podemos leer esta elección de los dos titanes como algo dogmático: que sea parte del orden natural del mundo que los seres humanos se pongan del lado del nuevo orden natural, o que les corresponda no resistirse al cambio cósmico.

Al liberar a los cíclopes, Zeus se hizo con un conjunto de aliados que en última instancia le otorgarían su mayor símbolo y fuente de su poder. En sus forjas, los cíclopes crearon para Zeus sus símbolos eternos: el rayo y el relámpago, armas que ayudarían a cambiar el rumbo de la guerra contra los titanes. Curiosamente, tanto el trueno como el rayo habían sido ocultados al mundo por Gea, la madre primordial. Sus tíos de las cien manos, aunque atados a la tierra por una grotesca forma corpórea, lanzaron gigantescas rocas y cantos rodados hacia los cielos para desalojar a Cronos y sus hermanos.

Con el trueno y el relámpago en la mano y los aliados en la tierra, Zeus desalojó a Cronos y a los demás titanes, encarcelándolos en las profundidades del Tártaro como castigo adecuado y poéticamente justo. Para repartir aún más la justicia, dictó que sus tíos de las cien manos custodiaran la prisión de los titanes por la eternidad. Uno de los principales líderes de Cronos, Atlas, quien es hermano de Prometeo, recibió un castigo especial. Durante toda la eternidad, se encargaría de sostener el mundo sobre sus hombros, y así es como siempre vemos representada su imagen.

La división de la tierra

El orden se había restablecido en el cosmos tras diez años de lucha constante, y la tarea que quedaba era repartir el botín de guerra entre los vencedores. Todos los olímpicos se pusieron de acuerdo: Zeus tomaría el control de los cielos como gobernante supremo, mientras que sus hermanos Poseidón y Hades reclamarían como territorio el mar y el inframundo, respectivamente. La tierra, a la que nos referiremos más detenidamente, debía permanecer como terreno neutral, libre para todos y más allá de la interferencia divina, a menos que los olímpicos lo consideraran necesario.

La tierra ha sido dividida, tras la lucha de diez años, en tres partes, y todas ellas están controladas por entidades masculinas. ¿Qué hay de las hermanas olímpicas? Al repartirse el mundo conocido, parecen estar totalmente abandonadas y excluidas de compartir cualquier poder potencial. Aunque esto es real en cierto sentido, en otros aspectos, las mujeres del Olimpo acumulan un poder más valioso y potente que el de sus tres hermanos varones juntos.

A las tres hermanas olímpicas originales, Hera, Hestia y Deméter, se les otorgaron reinos no tan concretos y ni siquiera tan cuantificables, sino que se les confiaron mundos enteros que aseguraban el crecimiento, la felicidad y la prosperidad en el cosmos recién establecido. Mientras que la tierra debía permanecer como un escenario esencialmente neutral que debía ser meramente observado por los divinos, los dominios matizados de las tres hermanas olímpicas casi garantizaban un control directo sobre su destino. Sus mundos eran las necesidades intangibles de la vida mortal: la abundancia de las cosechas, el cortejo de los corazones y la propagación de las especies mortales. Lo que salta a la vista del lector moderno respecto a la división olímpica del mundo, es que los dominios "femeninos" antes mencionados parecen relacionarse directamente con la supervivencia humana, que aunque no haya una "interferencia" divina directa sobre la tierra, hay una suavidad que la guía. Sin estas piezas cruciales, la tierra permanece estancada, igual o peor que en los tiempos anteriores a la Edad de Oro de Cronos.

La sede de los dioses

Los olímpicos reciben su nombre por su hogar en las nubes, el legendario monte Olimpo. La sede de los dioses es llamativa porque tiene una ubicación geográfica tangible, se encuentra en la parte centro-oriental de la Grecia continental. Técnicamente no es una sola montaña, sino una cadena de picos, y debe su distinción geológica a la apariencia suave y casi circular de los mismos, y a sus cimas relativamente planas. Estas montañas pueden ser escaladas y conquistadas, y de hecho lo son, y existen innumerables fotos y postales con su imagen repartidas por todo el mundo moderno. Ciertamente, no hay nada mitológico en el curso de la naturaleza que formó esta impresionante cordillera, aunque los antiguos mediterráneos lo habrían visto de otra manera.

Desde la perspectiva de los antiguos griegos, podemos suponer que el mundo estaba delimitado por cuatro lados: al sur, los inhóspitos desiertos de Egipto. Al oeste, el insondable océano y los confines de la tierra. Al este, los salvajes desconocidos de Persia. Y al norte, las imponentes alturas del monte Olimpo. Los griegos suponían que entre estas cuatro fronteras se encontraba su país y, más allá de ellas, el fin del mundo. La notable similitud entre tres de estas cuatro fronteras es que son planas. No hay montañas sobre el océano, lo más parecido a una cima en Egipto serían las pirámides artificiales, y la antigua Persia estaba encaramada en una meseta que, aunque elevada, es esencialmente una llanura.

Así pues, nos queda la frontera norte de Grecia, la legendaria cadena de montañas que la separa de sus contemporáneos del norte, los macedonios. Ya hemos visto que los estados más pequeños del mundo griego antiguo debían su independencia y autosuficiencia a su relativo aislamiento geográfico. ¿Es tan difícil imaginar que esas ideas sobre las fronteras geográficas pudieran extenderse para incluir a toda una cultura con una religión compartida? ¿Quién mejor para proteger a los griegos de la amenaza de sus vecinos del norte que los propios divinos? ¿Qué podría ser más intimidante para un enemigo y reconfortante para un griego que saber que Zeus y sus hermanos y hermanas observaban directamente los movimientos del país, y al mismo tiempo, impedían cualquier intrusión en suelo griego?

Aunque tenemos la "frontera norte" física del monte Olimpo, parece que a lo largo de la mitología y de la historia de la antigua Grecia, el monte Olimpo ocupa también un espacio en gran medida simbólico. En consonancia con el pensamiento autosuficiente y geográficamente aislado de la Antigua Grecia, parece que según muchos relatos, el "monte Olimpo" era un punto de referencia para todas las primeras ciudades-estado. Tesalia, por ejemplo, tenía su Olimpo, y el

Olimpo existía hasta Chipre. Las islas de Jonia y Lesbos también reclamaban un monte olímpico. Parece que, por un lado, para estos primeros estados, el Olimpo no era más que el punto visible más alto de su entorno. Por otro lado, una cultura dedicada a las representaciones físicas y a los alojamientos de las deidades como espacios de culto y protección podría haber visto sus cimas como una especie de templo. Aunque cada ciudad-estado tenía su deidad patrona y un templo dedicado a ella, es comprensible que la población de un lugar gozara de la seguridad de la mirada vigilante de los doce olímpicos. Este concepto de "juntos, pero separados" aparece y reaparece también en las historias del Olimpo: a menudo, el dominio de una deidad, aunque esté claramente delimitado y aislado, compartirá algunas tareas conceptuales con otra divinidad.

El escenario está preparado

Ahora tenemos, en lo que espero que se haya presentado de forma concisa, precisa y sin confusión, toda la información de fondo necesaria para empezar a estudiar realmente las principales figuras de la mitología griega. Sin embargo, antes de continuar, creo que es importante señalar algunas evaluaciones filosóficas sencillas sobre estas historias.

Por supuesto, sabemos que ninguno de estos mitos o figuras tiene peso religioso alguno en el siglo actual, pero sin duda son valiosos símbolos literarios. Sus creyentes hace tiempo que desaparecieron, y lo único que queda realmente son columnas golpeadas por el viento y edificios de templos antaño orgullosos. Al analizar estas historias antiguas, el lector comete a menudo el error de buscar una conclusión moral, o una aguja de la brújula que le señale hacia el "bien" y se aleje del "mal". El panteón de la Antigua Grecia y sus practicantes no operaban con esa capacidad, ya que estas historias y figuras eran explicativas y se daban por sentadas como un hecho. La brújula moral y las raíces del universo se dejaban al ámbito de la filosofía.

La mitología, por tanto, si podemos imaginarla, existía en el lugar en donde ahora se encuentra la ciencia, ya que consistía en un método para entender el mundo físico y el lugar de la humanidad en él. Es un error tratar de obtener una visión de la ética de la Antigua Grecia a través de estos relatos, debido a que no tienen los mismos elementos textuales o estructurales que los textos posteriores que equiparamos a lo religioso. "Pero", podrías preguntar con razón: "*¿no has diseccionado ya varios de estos primeros mitos de la creación para extraer de ellos algún principio rector?*". No puedo negar este hecho. Si retrocedes incluso tres páginas, se revelará. Aunque he realizado y seguiré realizando un análisis rudimentario de muchos de estos grandes mitos en el futuro, no creo que entren en el mundo de la moralización. Existen muchos textos filosóficos griegos que se conservan sobre la moral, e incluso uno de los grandes escritores griegos, Esopo, dedicó sus fábulas a los principios morales fundamentales. No obstante, observamos que el tema de la obra de Esopo no son los divinos olímpicos que se ciernen sobre el plano de la tierra, sino los animales que la habitan. Lo que ilustra que a los ojos de los antiguos griegos, la brújula moral era una preocupación puramente mortal.

Los dioses, como tales, actúan lo más cerca posible de su juramento original. Realmente dejan que la tierra y sus habitantes se gobiernen a sí mismos y establezcan un código moral acorde con su época. Aunque no se inmiscuyen, necesariamente. Como veremos, hay innumerables casos en los que se entrometen, adoptan la forma de bestias y manipulan a las personas entre otras artimañas, e incluso convierten a los individuos en una variedad de cosas. No es hasta que llegamos a los poemas épicos de los semidioses cuando vemos una verdadera intervención. Sin embargo, los casos en los que la vemos suelen estar cargados de dudas por parte de los poderes.

Así que, en conclusión, para poder comenzar, conocemos la historia de la creación del mundo de la Antigua Grecia, los reinos básicos habitados por los olímpicos masculinos y femeninos, cómo se relacionan, y que estas historias pretenden en su esencia explicar el mundo natural. Vemos, en términos sencillos, cómo los griegos percibían ese mundo y cómo su entorno contribuyó a dar lugar a la noción de seguridad dentro de la estructura del templo. Sabemos que cuanto más dividían los divinos su mundo, más cerca estaban de humanizarse y, por tanto, más cerca estaban los humanos de convertirse en divinos. Veremos que esa brecha se reduce aún más con la aparición de los semidioses en capítulos posteriores. Esperamos haber establecido una cronología relativamente coherente de los acontecimientos de la creación del cosmos y el surgimiento de los olímpicos, a pesar de las diferentes y diversas fuentes dispersas a lo largo del tiempo. Deberíamos tener un marco de trabajo básico para operar en lo que respecta a estos mitos y figuras de la Antigua Grecia, y todo lo que queda es sumergirse de lleno en las mismas historias.

Capítulo 3:

Los tres grandes

Ahora que tenemos un esbozo más amplio de las raíces del funcionamiento mitológico de los antiguos griegos, cambiaremos nuestro enfoque. Lo haremos desde una perspectiva narrativa a una visión más enciclopédica. Examinaremos a las deidades individualmente y en grupos, no tanto por su interconexión a través de la historia, sino más bien según su importancia y prevalencia en las mitologías, aunque, por supuesto, es inevitable que se produzcan algunos solapamientos. Espero evitar, en la medida de lo posible, volver a la información previamente establecida. A pesar de que la mayoría de los mitos de la tradición griega tienen como personajes a más de una deidad principal, intentaré dedicar cada relato a la deidad que más ocupa su primer plano. Comenzaremos con las deidades más visibles y "legendarias" y nos abriremos paso a través del panteón para, con suerte, ofrecer una comprensión básica del funcionamiento de los divinos griegos.

Hemos elegido las tres primeras por su omnipresencia, ya que en casi todos los mitos disponibles para el lector de hoy en día, al menos una de estas tres deidades se da a conocer a las figuras de la historia, así como al lector. Se trata de los tres principales olímpicos: Zeus, del que hemos hablado brevemente en el establecimiento del mundo griego. Hera, su esposa y hermana, y Poseidón, el señor de las profundidades del mar. De estos tres proceden casi todos los dioses y semidioses posteriores. Son los responsables de la propagación de los olímpicos y de los héroes mortales griegos.

Zeus

El inmortal Zeus, tras desterrar a sus predecesores titanes a las profundidades del Tártaro, presidió el mundo de la Antigua Grecia como su gobernante supremo desde su asiento en el monte Olimpo. Con su emblemático rayo, era el señor de los cielos y el rey de todos los olímpicos. Para los griegos era una manifestación del cielo, del rayo, de la ley y del orden. Además, tiene un gran parecido con otras deidades principales europeas: el nórdico Thor y el romano Júpiter, sobre todo. Hay muchas más asociaciones con Zeus a lo largo de la iconografía y la tradición religiosa, y entrar en detalle en cada una de ellas nos distraería de nuestras ideas principales. Pero si tienes curiosidad, existen muchos textos dedicados precisamente a este tema.

Como sabemos, era el más joven de todos los olímpicos, o según algunos argumentos, el más viejo, ya que sus hermanos habían pasado su vida en el estómago de Cronos. Al final se casó con su hermana Hera. Sin embargo, según algunos relatos, las dos deidades habían comenzado su relación en secreto. Entre los dos, el panteón pasó de los pequeños seis que habían arrebatado el control del mundo a la asombrosa cifra de 18 deidades, sin contar los innumerables semidioses que también engendró Zeus. Entre sus hijos se encuentran Ares, Hefesto, Artemisa, Apolo y Atenea, por nombrar solamente a algunos. Su virilidad le otorgó el título de "Padre de todo", y fue celebrado en todo el antiguo Mediterráneo como la única representación de la fuerza, el poder y el pensamiento religioso griegos. Como su reino era el cielo infinito y extenso, cualquier acontecimiento o suceso aparentemente aleatorio que no pudiera atribuirse a una deidad específica caía automáticamente en manos de Zeus. De este modo, su imagen y su reino se ampliaron aún más.

Al igual que cada región del mundo griego tenía su propio monte Olimpo, los templos dedicados a Zeus no eran menos comunes. Dada su condición de rey de todas las deidades, casi todos los centros de las ciudades griegas tenían un templo dedicado a él. Por supuesto, algunos más grandes que otros. Como es lógico, el centro del culto a Zeus, y del culto olímpico en general, se encontraba en una ciudad llamada Olimpia, donde se celebraban los legendarios Juegos Olímpicos. La ciudad organizaba estos juegos cada cuatro años en nombre del rey de los dioses, con sacrificios de animales y banquetes. Una historia afirma que el altar de sacrificios de Zeus en Olimpia fue tallado en ceniza en lugar de piedra debido a los miles de animales que habían sido sacrificados allí.

Mitos

Algo que podemos leer sobre la personalidad de Zeus a través de sus mitos es su obsesión por la juventud y la belleza, llegando a destruir la vida de aquellos mortales que le resultan atractivos. Vemos que muchos de sus mitos se centran en la posesión de la juventud y el ideal mediante la manipulación, la fuerza o la coacción. Por ejemplo, en el mito de Europa, Zeus se había encaprichado tanto con la hija del rey fenicio del mismo nombre, quien era la representación ideal de la belleza mortal, que se disfrazó de toro blanco y virginal entre sus rebaños. Según Hesíodo, el toro exhalaba un "azafrán" por la boca. Europa quedó encantada con el toro y acabó subiéndose a su lomo. El toro, que era Zeus disfrazado, salió corriendo hacia el océano, llevándose a Europa a la isla de Creta. Zeus se revela entonces y "seduce" a Europa, por decirlo suavemente, bajo un árbol de hoja perenne. El resultado de su retiro cretense fue el nacimiento de Minos, un poderoso rey que daría nombre a esa gran bestia de la leyenda: el Minotauro.

Otro caso en el que surge la obsesión de Zeus por la juventud y la belleza, es en el mito de Ganímedes. Ganímedes era un troyano y, según el relato de Homero, otro ser humano devastadoramente bello. "El más bello nacido", dicta Homero en su Ilíada, "de la raza de los mortales" y, por supuesto, Zeus se fijó en el joven y se encaprichó. Al igual que con Europa, Zeus encuentra al joven entre manadas de animales y se transforma de nuevo en un animal, aunque esta vez en un águila gigante y orgullosa. Secuestra al muchacho y lo lleva al cielo, donde se convertirá en el copero inmortal de todos los dioses del Olimpo. Ganímedes se transforma en la constelación de Acuario y se manifiesta visualmente como una nube: la que trae agua y está más cerca del cielo.

Nuestro titán de aspecto humano Prometeo, desempeña un papel importante en la mitología de Zeus. En una ocasión, la humanidad ofreció a Zeus un sacrificio de huesos de animales envueltos en grasa, en lugar de carne envuelta en tela. Furioso por el engaño, el señor del cielo decidió negar el fuego a la humanidad, frustrando así su desarrollo. Con engaños y astucia, el simpático Prometeo sacó el fuego del Olimpo en un tallo de hinojo y se lo concedió a la humanidad. Por supuesto, el omnisciente Zeus también descubrió esta traición, y para castigar a Prometeo, lo encadenó a una roca donde cada día un águila descendía sobre su cuerpo para devorar su hígado, que se regeneraría de la noche a la mañana y sobre el que el águila volvería a descender al día siguiente. La razón por la que Zeus eligió el hígado para ser devorado es bastante intrigante. Según muchos, los antiguos griegos presumían que el hígado era la ubicación de todas las emociones humanas. Tal vez Prometeo debía ser castigado por acercarse demasiado a la humanidad.

También nos encontramos con la paridad entre Zeus y otros textos religiosos indoeuropeos en lo que respecta al mito del diluvio, ya que parece que todas las deidades importantes deben decidir en algún momento hacer borrón y cuenta nueva. En el caso de Zeus, como en el de muchos otros seres supremos, se había cansado de la decadencia de la humanidad y convocó a su hermano Poseidón para que le ayudara en la destrucción de la especie mediante una inundación. Concedió misericordia a una pareja: Deucalión, hijo del titán Prometeo, perpetuamente medio devorado, y su esposa, Pirra. Según estas historias, los dos construyen un arca y acaban encontrando tierra firme al pie del monte Parnaso, al norte de Corinto, cerca de Delfos. Al ofrecer sacrificios a Zeus, los dos arrojan sobre sus hombros "los huesos de la tierra", o sea, rocas, que Zeus transforma en seres humanos.

Hera

Hera, la hermana mayor y esposa de Zeus, es posiblemente la figura más antigua de la mitología griega. Según muchos testimonios, su presencia e imagen en la Antigua Grecia son anteriores a Zeus. Es la diosa del matrimonio, del parto, de la mujer y de la familia, y sobre todo se rodea de animales elegantes y nobles. El león y el pavo real, por nombrar dos, son símbolos que se asocian a menudo con Hera en la Antigua Grecia.

Se pueden encontrar imágenes de Hera en las ruinas de los templos antiguos y en la literatura contemporánea. Ella junto con Zeus, era una presencia casi omnipresente en los centros de culto de las ciudades griegas, más que una figura representativa, fue convertida por su matrimonio con Zeus en la reina de los dioses. De hecho, las huellas del valor de Hera en el culto de la Antigua Grecia, pueden verse a través de algunas de las ruinas más antiguas y grandes esparcidas por el Mediterráneo y, de todos los templos que aún se mantienen en pie, los de Hera son los más impresionantes. Aunque tenía una gran presencia en la ciudad patrona de su marido, Olimpia, el templo principal de Hera, estaba situado en la isla de Samos, muy al este de la Grecia continental, cuyas ruinas siguen en pie hasta hoy. Heródoto lo describió como "el templo más grande que conocemos", y uno puede imaginarse que es así simplemente mirando lo que queda. Aunque el templo se alzaba lejos de Grecia, seguía siendo una parte importante de la cultura religiosa griega por ser el lugar mitológico del nacimiento de Hera.

Mitos

Vemos que el rasgo más común asociado a Hera a través de sus mitos son los celos. Es fácil descartar sus reacciones contra Zeus, sus amantes mortales y los hijos ilegítimos solo por este motivo, pero debemos tener en cuenta que Hera, ante todo como deidad que simboliza el matrimonio y la familia, es una representación de la estabilidad. Cuando una estructura como la familia y el matrimonio se ve amenazada, o como en los muchos casos de la pobre Hera, violada, la reacción natural es la venganza, especialmente para los de mentalidad divina, como hemos visto en las generaciones anteriores.

Una interesante disparidad que vemos entre el rey y la reina del Olimpo se produce en forma de transformación, sin ánimo de broma. Mientras que Zeus tiene el impulso y la capacidad de transformarse en cualquier criatura que desee, las habilidades de Hera son inversas, ya que su fuerza reside en transformar a otros en lo que ella desea. Una de las razones podría ser que, como diosa, la forma de Hera debe ser necesariamente perfecta o ideal, y no puede convertirse en nada que no le corresponda. A esto lo vemos manifestado muchas veces en la mitología griega: Hera vuelca su ira hacia el exterior, maldiciendo y destruyendo las vidas de aquellos que interfieren en su matrimonio. Tomemos, por ejemplo, el mito de la ninfa Eco: en una de sus muchas transgresiones matrimoniales, Zeus insiste en cubrir sus huellas reclutando a Eco para que ocupe a Hera hablando incesantemente. La conversación se agrava, por supuesto, cuando Hera se entera de su verdadero propósito y posteriormente maldice a Eco para toda la eternidad. La ninfa estará condenada a prestar su voz solo para imitar las voces y palabras de otros.

Vemos a Hera protegiendo su casa y su corona una vez más en el mito de Io, otra de las amantes mortales de Zeus. Para proteger a Io de la ira de su esposa, Zeus la transformó en una vaca, aunque Hera siendo sabia e inteligente, le rogó a Zeus que le regalara la vaca. Lo que te puede llamar la atención como lector a lo largo de estos mitos que involucran a Hera, es que aunque Zeus parece correr desenfrenadamente y con una autoridad sin control por todo el mundo mortal, nunca puede negar nada a su reina. Por ello, cede la vaca Io a su esposa, que la encierra con cadenas de oro y pone a Argus, de cien ojos, a vigilarla las veinticuatro horas del día. Argus, con todos sus ojos, solo cerraba cincuenta en un momento dado, por lo que era un excelente vigilante. La historia cuenta que Zeus, abrumado por el deseo de ver a Io, recluta a Hermes para que distraiga, o según algunos relatos, mate a Argus y libere a Io. En un relato, Hermes lo hace adormeciendo a los cien ojos con pipas de pan, en otros relatos, cegando y matando al vigilante de los cien ojos, pero liberando no obstante a la novilla blanca Io. Hera, en respuesta, envió un tábano a la tierra para que picara perpetuamente a Io por toda la eternidad, sin dejarla descansar, y así, Io vaga por la tierra para siempre.

Lo que llama la atención es que, a pesar de toda la venganza que Hera ejerce sobre las consortes de su marido, a pesar de todos los celos que siente, ni una sola vez ejerce su venganza sobre su marido. Tal vez esto se deba a que violaría uno de sus principios: su intención es siempre tender a la estabilidad y la seguridad dentro del círculo familiar. Socavar o derrocar al rey de los dioses, podemos imaginar fácilmente, iría en contra de ello.

Poseidón

El tercer gran olímpico a quien ya hemos mencionado brevemente en una de las historias de Zeus, Poseidón, es el señor de las profundidades del océano, maestro de los caballos y las tormentas. En sus representaciones, se le ve más a menudo avanzando con orgullo, con su revelador tridente en alto. De las bifurcaciones de este tridente brotaban manantiales de la tierra y los ríos se abrían paso a través de la tierra. Sus otros símbolos son un caballo, un delfín y un pez.

Además de su dominio del mundo acuático, también recibe el título de "Agitador de la tierra" en varios relatos griegos y, como tal, también se le conoce como el precursor de los terremotos. Tal vez deba este honor a su asociación con los caballos, ya que se sabe que las manadas de estas criaturas hacen temblar la tierra cuando se mueven. Los antiguos griegos también suponían que el fenómeno del terremoto era el resultado del agua que erosionaba las rocas de la tierra, lo que también contribuye al título de Poseidón. En su papel de rey del mar, Poseidón también es responsable del bienestar de los marineros y la gente de mar, aunque, como veremos en algunas de sus historias, puede ser cualquier cosa menos benévolo.

Dado que gran parte de los territorios de la antigua Grecia eran cadenas de islas y sus gentes navegantes sin rival, no es de extrañar que Poseidón figurara como deidad principal en más ciudades que Zeus. Aunque tenía una presencia destacada en Olimpia, al igual que su hermano y su hermana, Poseidón contaba con magníficos templos en Corinto, en la Magna Grecia, en el sur de Italia, e incluso se disputaba con Atenea el dominio de la ciudad homónima: Atenas.

Poseidón tuvo muchos hijos con muchas amantes, no todas humanas. De él tenemos al caballo alado Pegaso, al cíclope Polifemo, al héroe y rey Teseo y a Orión, el cazador, por nombrar solo unos cuantos prodigiosos. Volvemos a ver el protagonismo que Poseidón tenía en la cultura griega, ya que al ser tan prolífico en la reproducción, podría decirse que los griegos entendían el valor del agua como una correlación directa entre la vida y la muerte. De todos los olímpicos, Poseidón, posiblemente debido a la proximidad de su dominio, es el que más a menudo se ve tentado a violar el acuerdo divino relativo al autogobierno de la tierra. En muchas de sus historias, vemos su deseo de vengarse del mundo mortal por las ofensas cometidas contra él o sus hijos.

Mitos

Uno de los mitos más emblemáticos en torno a Poseidón se encuentra en la Odisea de Homero. En la legendaria Guerra de Troya, Poseidón había elegido el lado de los griegos, finalmente victoriosos, contra los troyanos. En el viaje marítimo de Odiseo de vuelta a casa, se cruza con Polifemo, que sabemos que es hijo de Poseidón, y acaba por cegarlo, lo que invoca la ira desenfrenada del dios del mar. Poseidón ruega a su hermano y a su hermana que le permitan castigar la transgresión del mortal Odiseo, petición que es denegada. Sin embargo, Poseidón, Zeus y Hera acuerdan un compromiso. Poseidón puede retrasar el viaje de Odiseo a casa, castigar a los que le rodean, pero no debe dañar al propio Odiseo. El resultado es la Odisea, una magnífica obra sobre la lucha del hombre contra sí mismo y contra el mundo. Una historia que merece la pena leer y en la que se exponen con asombroso detalle los comportamientos y las acciones de Poseidón.

Como se ha insinuado anteriormente, Poseidón competía directamente con Atenea por la ciudad de su homónima, en la que los sacerdotes y sacerdotisas de ambos cultos mantenían una presencia muy saludable. El mito afirma que en una fecha de fiesta mutuamente acordada, para decidir la deidad patrona de la ciudad, ambas procesiones culturales instalaban altares a sus respectivas deidades. Al ver esto, Poseidón y Atenea acordaron dar cada uno un regalo a la ciudad y dejar que el pueblo decidiera qué divinidad debería tener la corte en el templo principal. Atenea concedió al pueblo de Atenas un olivo, regalo que proporcionó madera, alimento, sombra y belleza a los atenienses. Poseidón, por su parte, golpeó el suelo con su tridente e hizo brotar un manantial de la tierra. Sin embargo, era agua del océano, salada, salobre y totalmente inadecuada para un uso que no fuera la navegación. Naturalmente, los atenienses eligieron el regalo práctico y elegante de Atenea, y un Poseidón furioso y rechazado, con su orgullo herido, volvió a golpear la tierra con tal fuerza y rabia que inundó toda la llanura ática para castigar a los atenienses. La inundación llegó hasta los salones del Erecteión, un templo de mármol situado en la cima de la acrópolis ateniense, dedicado tanto a Atenea como a Poseidón, que aún se mantiene en pie. Desde el pórtico norte del templo, el único lugar de Atenas que no se vio afectado por la mítica inundación, se puede ver a lo lejos el lugar donde supuestamente Poseidón golpeó su tridente: unos charcos rocosos conocidos como el "Mar Salado".

Vemos que Poseidón es tan vengativo, violento y celoso como sus dos hermanos, aunque como demuestran sus historias, su ira se manifiesta de una manera única. Tanto su hermano como su hermana, el rey y la reina de los olímpicos, tienden a ejercer su poder transformando y dominando a los individuos, alterando las formas físicas de ellos mismos y de los demás para conseguir el resultado deseado, coaccionándolos mediante artimañas y engaños. Poseidón, en cambio, no tiene esa capacidad. Él, como "Agitador de la tierra", prefiere desatar su retribución a través de la fuerza pura y natural. No tiene reparos en arrasar pueblos enteros por las transgresiones de una persona. A diferencia de cualquier otro olímpico, manipula con implacable salvajismo el clima y el mundo natural, lo cual unido a su notoria y corta mecha, y a su instinto paternal y protector, lo convierten en la deidad más temida y venerada de todo el panteón de la Antigua Grecia.

Capítulo 4:

El poder femenino

Pasaremos ahora de nuestras tres deidades más destacadas, a tres diosas algo menos visibles, pero no menos poderosas: Atenea, la diosa de la sabiduría y a la que mencionamos brevemente en nuestro capítulo que trata la disputa con Poseidón. Artemisa, la casta e indomable cazadora; y Afrodita, la más sensual y apasionada de todas las divinas. Colocamos a estas tres en el mismo capítulo sin basarnos en ninguna línea generacional o genealógica, sino porque ocupan lugares claramente femeninos en la cultura de la Antigua Grecia y, como veremos, a menudo estos lugares son infinitamente más poderosos e influyentes que los dominios controlados por los hombres, basados en la localización.

Podemos argumentar que la trifecta de deidades femeninas tiene mucho más poder porque sus dominios son principalmente internos: son el corazón y la mente, que producen la magia cósmica de la emoción y el lenguaje, que domina el mundo de los mortales e impregna el reino de las divinas. Veremos que a pesar de su infalibilidad y su rabia, sus celos y su omnipotencia, incluso los olímpicos más feroces y poderosos deben sucumbir en algún momento a los intangibles eternamente dominantes del amor y la lógica.

Atenea

Llegados a este punto, nos hemos introducido brevemente en Atenea, conocemos su ciudad patrona y sabemos cómo llegó a sus manos. Era la diosa de la sabiduría, la guerra y sus estrategias, y la artesanía. Tres cosas en las que su homónima Atenas destacaba en el mundo antiguo. A menudo se la representa con el tradicional casco de guerrero griego y sosteniendo una lanza, y es una de las diosas griegas, si no la única, que se representa exclusivamente vestida. De su regalo a los atenienses se desprende que uno de sus símbolos es el olivo y su árbol correspondiente, símbolos de la prosperidad griega. También reivindica al búho como su ave, la serpiente como su animal y un colgante que representa la cabeza de una Gorgona, llamado Gorgoneion.

De todo el panteón griego, ninguna deidad está tan dispuesta a ayudar a un mortal justo como Atenea. A lo largo de sus historias, aparece incesantemente con diversos disfraces para apoyar a un héroe o frustrar una mano divina malévola. Según el mito, ayudó a casi todos los héroes griegos destacados: Jasón, Heracles, Perseo y Belerofonte, entre otros. Ella es la luz que guía al hombre mortal a través de la oscuridad de lo desconocido, y por ello no es de extrañar que su imagen en el mundo del arte occidental se haya convertido en sinónimo de principios democráticos y de la idea de libertad. Según Platón, el nombre de Atenea puede descomponerse en el de "inteligencia divina", lo que, teniendo en cuenta sus mitos de guiar a los héroes hacia sus objetivos y frenar los planes malintencionados de los dioses, le da un aire que flota hacia el concepto de "destino", y actúa a pesar y por encima del nivel divino de sus hermanos.

Mitos

Se dice que Atenea nació en circunstancias únicas. Era hija de Zeus y Metis, una de las primeras esposas de este. Según una profecía, tan común en el mundo antiguo, se decía que Metis daría a luz a dos hijos más poderosos que el propio Zeus: un hijo y una hija, los cuales, por supuesto, acabarían derrocando a Zeus. Siguiendo los pasos de su propio padre, Zeus convirtió a su esposa embarazada en una mosca y se la tragó antes de que pudiera dar a luz a los niños. Dentro del vientre de Zeus, para proteger a su primer hijo, comenzó a forjar el icónico casco griego de Atenea y su siempre presente túnica, comprendiendo que con el tiempo nacería su hijo. El constante martilleo de la construcción del casco provocó a Zeus un inmenso dolor de cabeza, y exigió a Hefesto, o según algunos relatos, a Prometeo que obtuviera un hacha bicéfala y le partiera la cabeza en dos. De la herida surgió Atenea, completamente crecida y con su casco. Como surgió de la cabeza de Zeus, se le atribuye el dominio de la inteligencia divina y a menudo se la considera la hija predilecta de Zeus.

Lo interesante es que utiliza esta inteligencia divina no para controlar el reino de los divinos, sino más bien, como hemos mencionado, para ayudar en la realización de las tareas de los mortales. Se han recogido innumerables imágenes de Atenea que la retratan junto a Heracles, y varias fuentes poéticas la muestran echando una mano al héroe casi derrotado. Se le ha concedido el reinado sobre los corazones y las mentes de la humanidad de una manera única con respecto a todas las demás divinas y, sin duda, ser la hija favorita del rey de los dioses conlleva ciertos privilegios, y quizás más de un ojo ciego. Lo que vemos manifestado en su "inteligencia divina" es que presta su poder a los que prefieren la astucia y la estrategia sobre los que se precipitan a cualquier combate.

Por ejemplo, vemos en la Odisea de Homero un caso en el que Atenea favorece a los mortales dotados de ingenio. Odiseo, que es un maestro de la astucia y un combatiente muy inteligente y práctico, se convierte en un protegido de Atenea y, por tanto, esta lo resguarda. Se revela ante él en muchas ocasiones y habla en su nombre en lo alto del Olimpo, suplicando a su padre que permita a Odiseo volver a casa tras sus diez años en el mar. Habla con sus amigos y parientes y les hace llegar descubrimientos y noticias sobre el paradero y el estado de Odiseo.

Odiseo, por su parte, ha caído en innumerables trampas y capturas. Todo ello debido a su locura humana, aunque con su inteligencia y pensamiento práctico, sale relativamente indemne. No obstante, no se puede decir lo mismo de sus compatriotas. Asistimos a una versión de la Antigua Grecia en donde cada quien "crea su propia suerte". Esto es debido a las naturalezas similares e intelectualmente creativas de Odiseo y Atenea, lo que los une.

Aunque Atenea parece inmiscuirse benévolamente en los asuntos de la humanidad, al ser una divina y descendiente directa de Zeus, no está exenta de su lado iracundo. Hay muchos mitos en los que aparece una parte de la sabia Atenea, en donde es tan celosa y vengativa como su padre. Una de las historias más interesantes es la de la gorgona Medusa.

Medusa era una sacerdotisa en uno de los muchos templos de Atenea y era, según el mito, excepcionalmente bella. Poseidón, con su insaciable apetito, codició a la sacerdotisa sin tener en cuenta el voto de castidad que esta había hecho, y la sedujo en el suelo del templo de Atenea. Una vez que se enteró de esta profanación, Atenea convirtió a la hermosa Medusa en el monstruo de pelo de serpiente que hoy imaginamos, con una mirada que convertiría a cualquier mortal en piedra.

Artemisa

Nuestra segunda deidad femenina poderosa es la escurridiza y astuta Artemisa. La diosa de la caza, Artemisa, suele aparecer blandiendo un arco y un carcaj, símbolos de su eficacia en la naturaleza. Junto a ella, lo más habitual son los ciervos: su animal sagrado. Al igual que su homóloga Atenea, también reivindica un árbol como símbolo divino: el ciprés. Es la divina cazadora, la diosa de las tierras salvajes, la protectora de las jóvenes y la guardiana de la luna. De hecho, por encima de todas las demás deidades del panteón griego, ninguna es más etérea, ni más agraciada. Como corresponde a la divina cazadora, los mitos y relatos de sus hazañas son difíciles de encontrar, y no se conservan muchos textos sobre su historia.

Otra hija de Zeus, era gemela de Apolo, según cuentan las historias. Según algunos relatos, ella es mayor e incluso asistió al nacimiento de Apolo, y según otros, los dos nacieron simultáneamente. Su madre era Leto, hija de los dos titanes Febe y Coeus. A pesar de que no se conservan obras escritas sobre Artemisa, hay un sinfín de representaciones físicas que han pasado a lo largo de los siglos, y esto demuestra que, aunque no sea tan importante en la codificación de las mitologías religiosas o de culto, pudo desempeñar un inmenso papel en la vida cotidiana y el culto de los griegos. Su dominio es adyacente y paralelo al de muchas de sus hermanas, ya que ayuda a garantizar la supervivencia de la humanidad mediante la prosperidad de sus cacerías y la protección de sus mujeres. Lo interesante de la personalidad de Artemisa es que no solo parece insistir en su castidad para toda la eternidad, sino que también parece seguir siendo una jovencita para siempre, como un Peter Pan de la Antigua Grecia.

Al ser una de las deidades más veneradas del antiguo Mediterráneo, es lógico que sus templos se ajusten a ese título. Su ciudad patrona era Éfeso, en la actual Turquía, donde se construyó un templo en su nombre que se convirtió en una de las Siete Maravillas del mundo antiguo. Desgraciadamente, debido a siglos de conquista y negligencia humana, solo quedan ruinas en el emplazamiento del antiguo templo. Sin embargo, su presencia refuerza la importancia divina de Artemisa como diosa en la vida práctica y cotidiana, como si su existencia fuera un puerto en las tormentas y la ira divina de lo desconocido.

Mitos

Se nos dice, y es muy probable que podamos deducirlo, dada nuestra experiencia con el panteón hiperbólico; que Artemisa es una joven que tiene una belleza asombrosa. Es tan bella que no solo atrae la mirada de Zeus y de otros divinos masculinos, sino también la de Hera. Sin embargo, Hera está extremadamente celosa de la belleza de Artemisa y de la atención que le prodigan sus compañeros masculinos y, como es su costumbre, la maldijo para que permaneciera en forma de jovencita. En la Ilíada de Homero, vemos a Artemisa después de su transformación, representada como una niña que llora en el regazo de Zeus, y en un poema de Calímaco, la niña que llora recibe diez deseos de su padre, que establecen su dominio. Entre sus diez deseos, pide: que una ciudad, que sabemos que es Éfeso, permanezca casta para siempre; un arco y una flecha forjados por los cíclopes, un coro de Ninfas compuesto por las hijas de Océano, y una túnica hasta las rodillas para que no le impidan cazar. También pidió la capacidad de aliviar los dolores del parto, ya que los había presenciado de primera mano con el nacimiento de su hermano Apolo.

Otro mito que rodea a la escurridiza Artemisa es el de la protección de su castidad, un tema recurrente en los relatos que se conservan sobre ella. En este caso, durante una cacería, Artemisa se detiene para descansar y bañarse en un arroyo. A través del bosque llega Acteón, un cazador extremadamente hábil por derecho propio, casi tan silencioso y observador como la propia Artemisa. Se encuentra por casualidad con la diosa bañándose, lo que significa que la ha visto desnuda y es sorprendido por la propia Artemisa en el acto. Para castigarlo por haberla visto, la diosa convierte al cazador en un ciervo, que es perseguido con saña y sin piedad por su propia jauría de perros de caza, que no distinguen al animal de su amo.

Aunque Artemisa fue perseguida por muchos pretendientes masculinos, solo un hombre conquistó su corazón: el gran cazador gigante llamado Orión, uno de los muchos hijos de Poseidón. El mito dice que Artemisa y Orión eran compañeros de caza, y que él la cautivó por su habilidad con el arco. Se jactaba de poder cazar con éxito cualquier criatura de la tierra, y amenazaba en su época que junto a Artemisa podía matarlos a todos. Gea, la madre de la tierra, al oír esto se empeñó en crear una criatura cuya piel no solo pudiera resistir las flechas del arco de Orión, sino también igualar el talento letal del cazador con una daga. Así nació el escorpión. Según una versión del mito, Apolo, el hermano de Artemisa, conspiró con Gea para crear el escorpión con el fin de destruir a Orión, ya que desaprobaba que su hermana retozara con un varón y protegía en exceso su condición de doncella. Según algunos relatos, durante el posterior combate entre los dos cazadores y el escorpión, Artemisa disparó por error y mató a Orión con su propio arco y flecha divinos y, en su dolor, inmortalizó a Orión como la constelación que vemos hoy.

Afrodita

Nacida de las olas y zonas erógenas del primer Padre Tiempo, Afrodita es, con mucho, la diosa más seductora e irresistible de todo el panteón. El suyo es el reino del amor, la pasión, lo erótico y la belleza física. Ninguna otra deidad de ningún otro panteón se acerca al encanto y la persuasión sensual de Afrodita. Incluso algunos alimentos han llegado a llevar su nombre por sus supuestas cualidades. Se dice que los "afrodisíacos" aceleran el apetito y el deseo sexual, lo que encaja perfectamente en la cesta de nuestra diosa del amor.

Sus símbolos han sobrevivido a los siglos, manteniendo sus connotaciones eróticas y pasionales: la perla, la concha de vieira, la rosa y el espejo, todos tienen atributos que orbitan el mundo de la pasión carnal y el deleite sensual. Sus animales eran la paloma y la tortuga, y algunas fuentes indican su afinidad con el delfín.

Sabemos que surgió de una unión entre el mar y los genitales cortados de Urano, y el lugar mitológico de esa unión es, según la poetisa Safo, la bahía de Pafos, en la isla de Chipre. Otros sitúan su nacimiento en la isla de Creta, a lo largo de una importante ruta comercial marítima para los griegos. Sea cual sea su lugar de nacimiento, sabemos que según todos los testimonios, nació como una adulta sin infancia, experta en los caminos de la pasión y fue una mujer muy deseada. Entre sus muchos epítetos, uno de los más reveladores de su dominio es Afrodita, la "Amante de los genitales". Dado su dominio de lo puramente sexual, es fácil imaginar que a menudo se la representa desnuda, o cuando está vestida, la tela parece ser una mera cortina que oculta poco de su figura ciertamente femenina. Ella y su sobrina Atenea son las dos únicas olímpicas que han nacido inmaculadas: Atenea de la cabeza de Zeus, y Afrodita del mar.

Afrodita, con todo su atractivo, era ampliamente venerada en todo el antiguo Mediterráneo: desde Atenas hasta su lugar de nacimiento, Chipre, e incluso tan al sur como Alejandría, en Egipto. Tenía importantes templos y lugares de culto en toda Grecia, y cada año se celebraba en Atenas una fiesta en su honor: la Afrodisia. Durante esta fiesta, los sacerdotes sacrificaban una paloma a Afrodita en agradecimiento por su papel en la unión de Grecia. Ha sido la inspiración y la base de innumerables obras de arte, desde pinturas hasta esculturas y arquetipos de personajes en novelas, obras de teatro y cuentos, y sigue representando en muchos aspectos una cierta forma de sensualidad ideal.

Mitos

Un tema que se desprende de la historia mitológica de Afrodita es que su belleza y su naturaleza amorosa tienden a meter a otras personas en problemas. También enciende repetidamente los temperamentos demasiado rápidos de los volubles olímpicos, en particular los de sus hermanas y sobrinas, que a su vez insisten en castigar a la desprevenida población mortal. Sin embargo, y a diferencia de sus hermanas, Afrodita nunca parece preocuparse por las consecuencias de sus actos. Ella es la manifestación de momentos de pasión, no la culpa o el arrepentimiento que le siguen.

Un ejemplo de lo anteriormente mencionado es su disputa con Hera y Atenea, dos grandes protagonistas del mundo religioso griego. Las tres reclamaban la propiedad de una manzana de oro arrojada a la tierra por Eris, la diosa de la discordia, que llevaba la inscripción "a la más bella". Naturalmente, las tres diosas se consideraron las más bellas y llevaron su caso ante Zeus. Siendo incapaz, o tal vez no queriendo decidir él mismo, Zeus entregó la decisión a un príncipe mortal: Paris de Troya. Como toda belleza divina es incomparable a los ojos de los mortales, Paris no pudo decidir, y los tres recurrieron al soborno. Atenea prometió a Paris la fama y la gloria en la batalla, Hera le ofreció el control de los continentes Asia y Europa, pero Afrodita, con su poder único sobre los corazones y las partes del hombre, confió a Paris que si la elegía, podría casarse con la mujer más bella del mundo. Naturalmente, dadas sus debilidades mortales, Paris eligió a Afrodita y recibió su premio: Helena, esposa del rey Menelao de Esparta. La decisión de Paris enfureció a Hera y Atenea, que abandonaron el Olimpo e instigaron la legendaria Guerra de Troya en el bando de los espartanos. Afrodita, en consonancia con su personalidad de pasión momentánea, se contentó con su manzana y su título, y nunca se lanzó ella misma a la batalla, aunque sí se coló en las alcobas de varios héroes.

Afrodita, en un grado muy superior al de sus homólogas olímpicas, favorece a los mortales que considera físicamente atractivos, mientras que no da ninguna preferencia real a los divinos. Si bien es cierto que está técnicamente casada, no es por su elección, como veremos más adelante cuando nos sumerjamos en las historias de Hefesto. Parece obsesionada con manipular los corazones de los hombres, especialmente de aquellos que le dedican su culto por completo. En ese sentido, puede ser ciertamente la más egoísta de los olímpicos, aunque sus acciones, en su mayor parte, parezcan frívolas e impulsivas. Un ejemplo destacado de esto es el mito de Pigmalión.

Pigmalión era un brillante escultor que podía esculpir las más magníficas figuras en mármol. Estaba convencido de que todas las mujeres eran inmorales y esencialmente malvadas, por lo que se negaba a casarse o a mantener la compañía de cualquier mujer. Sin embargo, era un devoto adorador de Afrodita, llegando incluso a esculpir su imagen en piedra. Durante el proceso artístico, Pigmalión se enamoró de la estatua y anheló casarse con ella. Afrodita, impresionada por su devoción, concedió vida a la estatua y, por tanto, a los deseos de Pigmalión.

En conclusión

Vemos que estas diosas son igualmente aterradoras y hermosas gracias a su poder. Ocupan los espacios de las mentes, los cuerpos y los corazones de los mortales, aunque no de forma puramente física. Cada una de sus fuerzas proviene de controlar y guiar indirectamente esos impulsos internos que nos alejan de lo puramente animal y nos acercan a lo netamente humano. Los poderes del ingenio, la caza y la procreación son tres de los elementos más esenciales para la supervivencia de la humanidad en el mundo antiguo. El hecho de confiar esas piezas necesarias a tres de las deidades más veneradas del panteón, ilustra en cierta medida la importancia de la presencia femenina en la Antigua Grecia, y el respeto que se le atribuía.

Capítulo 5:

Un aplauso para los chicos

Una verdad universal es que todo debe llegar a un equilibrio en última instancia, y el panteón griego no es una excepción. Para los poderes sutiles en el reino de la psique otorgados a la tierra por las tres principales deidades femeninas, debe haber hermanos que reinen desde el monte Olimpo con manos más pesadas y descaradas. Esto nos lleva a nuestra siguiente tríada de deidades masculinas en la siguiente generación de olímpicos: Apolo el creador de milagros, el furioso y violento Ares, y el veloz Hermes.

Este trío se agrupa como tal, ya que tiene un parecido genealógico con las tres diosas anteriores: Apolo, como ya sabemos, es el hermano de Artemisa, Ares es un amante de Afrodita, y Hermes es el hijo favorito de Zeus. Veremos que sus reinos son más concretos que los de sus homólogas femeninas, aunque parecen compartir el levantamiento conceptual, por lo que podría decirse que ellos y sus hermanas son dos caras de la misma moneda. Veremos que los tres son, sin duda, hijos de su padre Zeus, ya que en cierta medida, todos son portadores de un rasgo específico de su carácter.

Apolo

Apolo es el gemelo más joven de Artemisa y comparte muchas de sus cualidades. Su arma es el arco y la flecha, al igual que la de Artemisa. En cambio, reclama al cisne como su ave y la pitón como su animal. Mientras que su hermana es la protectora de las mujeres jóvenes, Apolo se encarga de la protección de los hombres jóvenes y, como tal, es la figura principal de la antigua nación griega. Es preciso hacer una distinción: podría decirse que Zeus es el principal representante de los griegos, pero específicamente es el jefe de los dioses, religiosamente hablando. Es decir, es el artefacto religioso superviviente que los griegos dieron al mundo occidental. Pero, cuando se trata de asuntos nacionales e internacionales, es Apolo quien representa a las ciudades y al pueblo de la Antigua Grecia. Se le considera una deidad de la curación, y en concreto de la medicina. Su pitón junto con su hijo Asclepio, se entrelazan en torno a ese símbolo epónimo de la medicina occidental: la Vara de Asclepio.

Además de su papel de sanador, Apolo era la música y el arte manifestados, y a menudo se le representa en compañía de las Musas, rasgando su lira. Al principio, en la tradición griega, era una deidad con inclinación rural, ya que velaba por los pastores y sus rebaños, presumiblemente en su papel de protector de los jóvenes. Más tarde, cuando la civilización griega se hizo más urbana y menos nómada, fue el patrono siempre vigilante de la floreciente democracia y de la fundación de nuevas ciudades griegas. Dada su importancia y su ascenso a la fama junto con la civilización griega, varias fuentes lo consideran una amalgama de todos los dioses. En esencia, es la juventud eterna, perfecta y rebosante de potencial.

Aunque tenía templos dedicados a sus múltiples caras por todo el Mediterráneo antiguo, su lugar de culto más importante era Delfos, el legendario lugar del oráculo. Este lugar albergaba a ese oráculo epónimo, el que de hecho era un adorador de Apolo y tradicionalmente era una mujer joven. A diferencia de otras deidades y sus seguidores, los adoradores de Apolo se preciaban de tener una fuerte conexión con el oráculo y la clarividencia y, si alguna persona de renombre deseaba descubrir su destino, se dirigía en última instancia a Delfos con la esperanza de obtener la bendición del guardián de la civilización griega.

Mitos

Leto fue una de las muchas esposas de Zeus. Dio a luz a sus hijos en la tierra flotante de Delos, ya que Zeus le había prohibido dar a luz en la tierra. Primero dio a luz a Artemisa, que actuó como partera en el alumbramiento de su hermano, Apolo. Cuando Apolo salió, llevaba una espada de oro, y la historia dice que todo en Delos se convirtió en oro. Se dice que los cisnes rodeaban la isla. Se le alimentó con ambrosía y se le vistió con una fina tela blanca sujeta con cintas de oro. Después de haber comido el néctar de los dioses, el niño Apolo se arrancó las cintas del cuerpo, anunciando que solo él sería el intérprete de la voluntad de Zeus para la humanidad. Supuestamente, fue el nacimiento del dios lo que ancló a Delos a la tierra y lo convirtió en un importante lugar de culto a Apolo a lo largo de la historia de la antigua Grecia.

Apolo, según el mito, fue el responsable de matar a Pitón, la enorme serpiente, partera del gigante Tifón, y suplicante de Hera. Por orden de Hera, Pitón intenta asesinar a la embarazada Leto para impedir el nacimiento de Artemisa y Apolo. Pitón, aunque logra acosar y agredir a Leto, no consigue matarla. Tras su nacimiento, el niño Apolo juró vengarse, y cogiendo su arco y flecha, cazó a Pitón y lo mató en la misma cueva de Delfos, que albergaría su templo y oráculo.

Aunque Apolo era conocido principalmente como sanador y protector, también podía ser conocido por dispensar sufrimiento y muerte. Varios relatos lo muestran como portador de plagas, especialmente en tiempos de penuria. Durante la Guerra de Troya, por ejemplo, cuando del lado de Troya en defensa de esa ciudad, envió una terrible plaga sobre el campamento griego invasor. Durante ese conflicto, fue responsable de la destrucción de muchos héroes griegos, incluido Aquiles.

La corona de laurel como símbolo de triunfo también procede de Apolo. El mito afirma que Apolo, tras ser alcanzado por la legendaria flecha de Cupido, se enamoró de Dafne, la cual era una ninfa del bosque. Dafne siendo una casta devota de los bosques, despreció las insinuaciones de Apolo, quien a su vez se dedicó a perseguirla por el bosque para intentar hacerla cambiar de opinión.

Dafne, cuyos gritos de auxilio escuchó Gea, se transformó en un árbol de laurel. En algunas historias,

Gea esconde a Dafne en las profundidades del bosque y la sustituye por un árbol de laurel, pero el hecho es que Apolo amaba al árbol y se ponía sus hojas y ramas como símbolo de su victoria. Incluso hoy en día, vemos la connotación de la cultura de la Antigua Grecia y la hoja de laurel, ya que parece que cuando surge la iconografía de este período, una de las primeras imágenes que aparece es la corona de laurel.

Ares

Al igual que su hermana Atenea, Ares es una manifestación de la guerra. A diferencia de su hermana, que se centra en las tácticas, la planificación y el liderazgo de la guerra, él es la imagen y se deleita en los horrores del combate. El suyo es el reino de la brutalidad, la carnicería y la matanza indiscriminada. Mientras que Atenea es representada con su icónico casco y túnica, Ares suele ser representado completamente desnudo, luciendo un casco similar y blandiendo un escudo. Entre sus símbolos se encuentran el escudo, la lanza, el carro y la antorcha. Sus compañeros animales son el jabalí, el perro y el más vil de los seres aviares: el buitre.

A pesar de ser un pueblo decididamente belicoso, sorprendentemente, los antiguos griegos tenían poca consideración por Ares como una deidad poderosa y prominente. Parece haber una diferenciación en el pensamiento griego entre la necesidad de la guerra y la destrucción sin sentido que provoca, ya que en ningún caso elevan esa carnicería por encima de su estatus de "mal necesario". La influencia de Ares en el mundo de los hombres, así como en la cima del Olimpo, se ve significativamente disminuida en comparación con la de su hermana. Incluso el propio Zeus le dice a su hijo en una historia que él, a los ojos de Zeus, es el más despreciado de todos los dioses. Sin embargo, Ares fue elevado más allá de su papel como presagio del dolor, la muerte y la destrucción en Esparta, y se asoció con el soldado ideal, aunque esta imagen se considera ampliamente diferente a la de la mayoría de Grecia.

Ares tenía pocos templos dedicados a él en el mundo antiguo, a diferencia de su homólogo romano Marte, que era una deidad fundamental en el panteón de esa cultura. Incluso se podría argumentar que debido a su infame lugar entre los olímpicos, Ares no era griego en absoluto. De hecho, los mitos señalan a Tracia como su lugar de nacimiento, en la actual Turquía, que albergaba a un pueblo que los griegos consideraban totalmente bárbaro. No obstante, sabemos que Esparta albergaba un templo dedicado a Ares, así como una enorme estatua de la deidad encadenada fuera de la ciudad, según Pausanias.

En su carroza, Ares entra en la vorágine de la batalla con dos de sus hijos con Afrodita: Deimos y Fobos: "temor" y "miedo", respectivamente. Diezmando las filas de ambos bandos en la batalla, Ares no elige a ningún favorito, sino que insiste en recompensar los actos de valor y la valentía en el combate. Su papel es tan indiferente hacia el destino de los griegos como los griegos lo son hacia él, y no le importa nada más que el choque de espadas y la caída de cuerpos a su alrededor.

Mitos

Uno de los mitos más representados que involucran a Ares, es el de su legendaria lucha con Heracles. Esta se ha plasmado en innumerables cerámicas antiguas y ha sido repetidamente representada con pigmentos por los pintores clásicos. Se cuenta que uno de los hijos de Ares llamado Cygnus, quien era un poderoso rey de Tesalia, detenía a los viajeros y peregrinos que se dirigían al Oráculo de Delfos. En su crueldad, agasajaba a los viajeros con comida y bebida, y luego los mataba sin reparo. Naturalmente, esto despertó la furia de Apolo, que envió a Heracles a vengarse de Cygnus. En la Biblioteca de Apolodoro, este escribe que ambos se enfrentaron en un combate singular y, con la intervención de Atenea, Heracles atravesó el cuello de Cygnus con su lanza matándolo. Ares, furioso no solo por el asesinato de su hijo, sino por la intervención de su hermana en favor de Heracles, corre a la tierra para enfrentar a este ultimo. Los dos beligerantes se enfrentan en la batalla y, de nuevo con la ayuda de Atenea, Heracles consigue infligir una herida en el muslo de Ares. Un rayo de Zeus pone fin a la lucha, y los dos hijos de Ares, Deimos y Fobos, llevan al dios de la guerra lejos de la batalla y de vuelta al monte Olimpo para que se cure. Otras historias narran hechos similares, aunque en lugar de que Cygnus sea asesinado por Heracles, simplemente se convierte en un cisne como penitencia. Se transforma en el llamado "pájaro de Apolo", y se convierte en la constelación epónima que vemos hoy.

Otro mito popular que involucra al dios de la guerra es su conflicto con los Alóadas: Oto y Efialtes, dos gigantes e hijos de Poseidón. Según el mito, los dos gigantes fueron los responsables de otorgar la civilización a la humanidad. Crecían, según el escritor Higino, "nueve dedos cada mes", y eran "superados en belleza solo por Orión". Traducidos literalmente, los nombres de la pareja son "insaciable" o "insaciante" y "pesadilla". Conspiraron para derrocar a los dioses del Olimpo construyendo montañas que rivalizaran con este y reclamando a Hera y Artemisa como sus esposas. En su guerra con los olímpicos, consiguieron capturar al impetuoso Ares y mantenerlo cautivo con cadenas en una tinaja de bronce durante trece meses. Todo el tiempo, Ares gritaba y se enfurecía ante su pérdida de libertad. Sin embargo, Eriboea, la madre de los dos gigantes, cometió el error de relatar a Hermes la conquista de sus hijos, quien con la ayuda de Artemisa, liberó al dios de la guerra capturado. Artemisa engañó entonces a los gigantes para que se empalaran mutuamente con sus lanzas, transformándose en un ciervo y saltando entre ellos.

Lo que vemos una y otra vez en los mitos de Ares es que su temeridad y su mentalidad testaruda a menudo lo ponen en peligro o a merced de aquellos contra los que se esfuerza por luchar. Con frecuencia se ve superado, confiando únicamente en su capacidad para desatar el caos con la fuerza bruta sobre la tierra. Por lo tanto, no es de extrañar que a pesar del miedo y el terror que infunde en los corazones de los antiguos griegos, sea fácilmente despachado y diluido por la acción de otras deidades más "diplomáticas".

Hermes

El tercer hijo astuto de Zeus es Hermes, el joven heraldo y mensajero del Olimpo. Conocido por su astucia y rapidez de movimientos, era el guardián y protector siempre alerta de los caminos, mercaderes y comerciantes del antiguo Mediterráneo. También era conocido como un embaucador, por lo que se convirtió en una deidad patrona de los ladrones. De él tenemos la imagen de las sandalias aladas, y entre sus otros símbolos están la lira aérea, el gallo que canta y su casco alado, conocido como Petasos. Su árbol es la palmera, y en sus representaciones suele haber una cabra o un cordero cerca.

Su iconografía es una de las más interesantes de todos los olímpicos, ya que en las primeras imágenes, como las de las lápidas y los fragmentos de piedra, se le representa como un adulto completamente crecido y con barba, con el pelo enroscado con orgullo alrededor de las orejas y la frente. Más tarde, en la Grecia helénica e incluso en la época romana, se le muestra más a menudo como un niño, más cercano al Hermes que reconocemos, que suele estar desnudo, salvo por sus sandalias aladas, su capa y su casco, agarrando su bastón de dos serpientes entrelazadas.

Además de su posición como guardián del transporte y el comercio, Hermes también desempeñaba el papel de guía divino. Era él quien ayudaba a las almas recién fallecidas a pasar a la otra vida. También se le ha reconocido como mediador entre el mundo visible y el invisible. Es decir, en su papel de mensajero divino, es su deber hacer que la voluntad de Zeus se manifieste en el mundo material, mientras que es su hermano Apolo quien la interpreta. Las pruebas de los lugares de culto de Hermes son escasas en el mundo antiguo, aunque hay algunas razones para creer que se le rendía un culto extremadamente devoto en las zonas rurales de Grecia, principalmente como guardián de los rebaños, los pastores y los agricultores. En la actualidad solo quedan tres ruinas de sus templos, y las tres se encuentran en la parte noreste de Arcadia, la "mano" meridional de tres dedos de la Grecia continental. La falta de templos en honor a Hermes podría deberse a que sus espacios de culto eran las propias carreteras de la Antigua Grecia, por cuanto se han descubierto marcadores con su imagen a lo largo de supuestas rutas griegas.

Aunque era un notorio embaucador y confundidor de mortales y divinos por igual, Hermes, según Pausanias, fue apodado por Zeus para que siguiera siendo totalmente amoral. El mismo Zeus, según el himno de Homero a Hermes, decreta que únicamente este "debe ser el mensajero designado para Hades, quien, aunque no tome ningún regalo, no le dará ningún premio insignificante". Curiosamente, se suponía que su presencia en los hogares griegos garantizaba la buena suerte, ya que Hermes era un "dador de regalos" y alguien que otorgaba bendiciones. Incluso hay pruebas de que, en sus primeros años de culto, era una deidad de la prosperidad y la fertilidad, de lo que se desprende que para alguien tan ágil y veloz como Hermes, no es un gran salto. A medida que la Antigua Grecia se conectaba más allá del círculo familiar, ¿quién mejor para velar por su prosperidad y sus conexiones que la deidad responsable de crearlas?

Mitos

Los trucos de Hermes se nos presentan casi desde el momento de su nacimiento. Uno de ellos afirma que cuando apenas tenía unas horas de vida, se escabulló de su cuna y se llevó varias de las reses divinas de Apolo, escondiéndolas en una cueva de Pilos, en la costa suroeste de Grecia. Para disimular sus pasos, primero se colocó sus ya famosas sandalias, lo que hizo que sus pies no fueran identificables. Creyendo que se había salido con la suya, sacrificó varios de los bueyes en agradecimiento, realizando lo que los antiguos griegos consideraron el primer sacrificio de animales. Luego tomó la fibra muscular de uno de los animales sacrificados y la ensartó en un caparazón de tortuga, creando así la lira. Apolo, al darse cuenta de que faltaban varias de sus reses más preciadas, las rastreó hasta la cueva de Hermes, quien negó haberlas visto. Apolo recurrió a su padre, Zeus, quien habiendo visto todo, exigió que los bueyes fueran devueltos a Apolo. Sin embargo, al oír el rasgueo de la lira, Apolo se encaprichó con su música y ofreció un intercambio adecuado para todas las partes: el resto de su rebaño por el instrumento recién inventado de Hermes. Apolodoro escribe para concluir el mito que a Zeus le divirtió tanto la astucia de su joven hijo que lo convirtió inmediatamente en un olímpico inmortal.

Además de ayudar a Zeus a liberar a su amante Io y de liberar a Ares de su frasco de bronce, Hermes no era ajeno a ayudar a los mortales en momentos de crisis abrumadora. En muchos relatos y obras de arte antiguos se muestra cómo el dios mensajero concedió a Perseo el equipo necesario para eliminar a Medusa. Prestandole sus sandalias aladas, su capa y su espada de oro, Hermes instruyó al héroe Perseo en su uso: las sandalias aladas para no ser oído por el monstruo, la capa para no ser visto y la espada para cortar la cabeza de Medusa.

En la Odisea de Homero, Hermes se presenta ante un Odiseo errante con palabras de advertencia, en efecto, reprendiéndolo cómicamente. Le dice a Odiseo que es peligroso vagar, ya que en la isla vive la tentadora Circe, que sin duda intentará hechizar al héroe con una bebida fuerte y encantada. Hermes ofrece a Odiseo una hierba, diciéndole que la coma, puesto que disipará los efectos nocivos que Circe podría causarle. Odiseo hace lo que le ordena el mensajero y, efectivamente, la magia de Circe fracasa al convertir al héroe en un cerdo, salvándolo del destino de muchos de sus compañeros.

Podemos ver que Hermes establece algunas comparaciones claras entre él y Atenea, nuestra olímpica más sabia y mesurada. Ambas deidades ven el valor de ayudar a los humanos en su avance. De hecho, podría argumentarse que es parte de la descripción de su trabajo. Atenea, debido a su sabiduría, se equipara a menudo con la educación y, en concreto, con el crecimiento humano a través de la tecnología. Por ejemplo, la aparición de equipos agrícolas, es un regalo de la diosa. Hermes ocupa un espacio similar, aunque sus métodos de ayuda al desarrollo humano provienen del comercio y la intercomunicación entre los pueblos. Sus regalos a la humanidad incluyen el alfabeto, la moneda y la rueda.

En conclusión

Entre las tres figuras masculinas que se perfilan y las deidades femeninas anteriormente exaltadas, podemos descifrar sorprendentes similitudes, debido a que más allá de las relaciones familiares, muchos de estos seis dioses comparten los papeles de sus hermanos. Como hemos dicho, estos pares de deidades son esencialmente dos caras de la misma moneda, que se adhieren a patrones de comportamiento más o menos "tradicionales". Los homólogos masculinos tienden hacia el lado de la jactancia, la precipitación y la agresividad en sus interacciones con el mundo. Esto no significa necesariamente que ocupen un lado "malvado" del pensamiento religioso griego. Como se ha dicho anteriormente, es imposible marcar ninguna de estas historias o figuras con una etiqueta moral. Son representaciones figurativas de conceptos mal o pobremente entendidos, que ofrecen, a pesar del terror que inspiran o de los dones que otorgan, un modelo de trabajo para el pueblo de la Antigua Grecia.

Capítulo 6:

El último pero no el menos importante

Aunque parece que tenemos cubiertos los aspectos más destacados del panteón griego, seguramente deben quedar partes de este mundo, tanto divinas como mortales, sin definir. Hemos visto que muchas de las funciones de las deidades más famosas se entrecruzan y se superponen, pero entre todas ellas, sin duda deben haber dejado que algunas partes del mundo se escapen de su amplia red. ¿Qué hay de las cosechas que brotan de los surcos del arado de Atenea? ¿Qué pasa con la juerga que se obtiene de una buena cosecha? ¿Qué pasa con el hogar que está detrás del grano y que sostiene la juerga? ¿Y qué pasa con el acero desde el que se fabrica el arado y con los que lo fabrican? ¿No son todos ellos tan o más importantes para la humanidad que la sabiduría, la guerra o el agua?

Estas preguntas nos llevan a nuestros últimos cuatro olímpicos: Hefesto, Deméter, Dionisio y Hestia. Aunque viven sobre todo a la sombra de sus bulliciosos e intercalados hermanos, los cuatro son una parte esencial de la vida y la cultura de la Antigua Grecia. Representan principalmente a la paz y la seguridad que pueden proporcionar la civilización y la familia. Mientras que sus hermanos y hermanas son los pilares de la religión griega, que elevan el refugio divino por encima de las cabezas del pueblo, nuestras restantes deidades pueden verse como las cuatro esquinas de los cimientos del templo sobre los que se asientan esos pilares, manteniéndolos inquebrantablemente firmes y altos a lo largo de los siglos.

Hefesto

Señor de la artesanía, de sus herramientas y del propio metal, el trabajo de Hefesto es reconocido en toda Grecia y en todo el panteón. Reclama el yunque, las tenazas y el martillo como su herramienta, y desde debajo del monte Olimpo, es el único responsable de controlar los fuegos de la tierra. Debido a su ejemplar y casi milagroso trabajo con el metal, es el patrón de escultores y artistas por igual y el amigo siempre vigilante del carpintero. Se sabe que cuida el trabajo de los herreros, llegando a infundir su propio trabajo del metal en las creaciones de los trabajadores mortales elegidos.

Para los antiguos griegos, Hefesto ocupaba un papel importante, aunque a menudo poco celebrado, como maestro de la industria y la artesanía. Su presencia se podía notar convenientemente en los centros urbanos del mundo de la Antigua Grecia, y por supuesto estos eran los lugares principales de los talleres y las armerías. Según la Ilíada de Homero, la isla de Lemnos fue el hogar de Hefesto cuando salió del Olimpo. Hoy en día, las pruebas de la actividad cultual pueden verse esparcidas por las ruinas de la isla del norte del Egeo y, en particular, a través de la calidad distintiva y excepcional de las herramientas antiguas desenterradas allí.

Hijo de Hera, fue expulsado de la cima del monte Olimpo y de su sede con los divinos por un pie deforme o deformado. Es la única deidad del panteón griego que tiene una desviación física notable, ya que todas las demás divinidades son repetidamente prodigadas con elogios de perfección y representadas como formas ideales. Como él mismo no podía ser físicamente perfecto, dedicó sus talentos divinos a fabricar objetos físicamente perfectos: espadas, armaduras, incluso las sandalias aladas de Hermes. Entre sus compañeros y ayudantes, contaba con los cíclopes, los mismos tres que forjaron el rayo de Zeus, así como con autómatas compuestos de metal.

La iconografía de Hefesto, al igual que su deformidad, también es única en el panteón griego. Como poseía una destreza inigualable en el manejo del metal y la piedra, se decía de él que podía dar vida a cualquier objeto inanimado. Un ejemplo de ello son los autómatas de su taller. Lo que esto significaba para su iconografía era que se impregnaba de la presencia del dios. Las imágenes representadas de Hefesto en piedra o metal, en una lápida o en un edificio, no eran meras representaciones del dios, sino su manifestación literal. Teniendo en cuenta las impresionantes obras artísticas y arquitectónicas producidas por los antiguos griegos y su influencia en el mundo occidental, es fácil comprender que ya entonces los griegos consideraban divina la belleza de la artesanía.

Mitos

Hefesto, como maestro artesano, fue reclutado por Zeus para construir todos los tronos del Palacio del Olimpo. Por supuesto, esto ocurrió después de su expulsión de la montaña por parte de su madre, Hera. Hefesto hizo lo que se le dijo, construyendo los inmaculados asientos para sus once parientes. Al sentarse en su trono, Hera descubrió que este comenzaba a levitar y la suspendía entre los reinos del cielo y la tierra. Cuando exigió que su hijo y constructor del trono la ayudara a descender por motivos matriarcales, Hefesto respondió de forma célebre: "No tengo madre". Para compensar, Hera ofreció a su hijo cualquier mano en matrimonio que pudiera desear, y Hefesto eligió a Afrodita, la diosa del amor.

Algunos de los mitos más interesantes que rodean a Hefesto están relacionados con su matrimonio. Su esposa es Afrodita, la imagen de la belleza y el deseo. Parece incongruente que un herrero enfurruñado y cojo y la reina de la sexualidad coincidan y, en cierto sentido, uno no se equivocaría al pensar así. La infidelidad de Afrodita está muy presente en la mitología griega, ya que sus numerosas aventuras son de un calibre mitológico, incluso para una deidad. Hay un asunto en particular que nos llama la atención, al igual que a Hefesto: su transgresión con Ares, el dios de la guerra.

Sabemos que Ares, a pesar de todo su terror y fanfarronería, es irracional, corto de miras, y francamente, no demasiado inteligente. Durante la guerra de Troya, entabló una relación secreta con Afrodita, y debido a su descuido, fue sorprendido en el acto por Helios mientras conducía su carro del sol por el cielo. Naturalmente, como portador de la luz, Helios informó a Hefesto de la infidelidad de su esposa, a lo que el herrero respondió en silencio, elaborando y redactando planes de venganza. Se puso a trabajar en su taller fabricando una red, según algunos, y cadenas, según otros, pero en todos los casos de bronce y finas como hilos de seda y lo suficientemente fuertes como para atrapar incluso al más poderoso de los dioses. Colocó su trampa sobre su lecho y, efectivamente, atrapó a los dos amantes. Hefesto llamó entonces a todos los dioses del Olimpo para que fueran testigos y humillaran a los dos amantes. Al ver el estado de los dos dioses enredados, Poseidón le ruega a Hefesto que los libere, jurando que todas las penas serán pagadas por Ares, y si no lo consigue, el propio Poseidón asumirá los grilletes de Hefesto. Satisfecho, el divino artesano libera a los dos, tras lo cual un deshonrado Ares regresa a su lejana patria de Tracia, y Afrodita al mar de donde vino, bañándose para recuperar su virginidad. El castigo al que alude Poseidón nunca fue pagado por Ares directamente, aunque se nos dice que sus hijos tendrían destinos nefastos.

Dada su estatura como artesano, no es de extrañar que Zeus confíe su forja y elaboración nada menos que a Hefesto. Fue el propio escultor divino quien se encargó de dar forma a la mujer mortal más bella conocida en el mundo. Cansado de los avances de sus homólogas femeninas sobre los hombres del plano mortal, y como precio exigido a la humanidad por adquirir ilícitamente el fuego, Zeus ordenó que Hefesto diera vida a Pandora, lo que hizo a partir de arcilla y agua. Zeus ordenó a Hefesto que le diera, según Hesíodo, "un rostro como el de las diosas inmortales, con los rasgos fascinantes de una joven". Debía ser tan plenamente bella, encantadora e inteligente que sería "una pena para los hombres que comen pan". Además de dar forma a Pandora, Hefesto también elaboró el infame pithos de Pandora, un frasco que a menudo se traduce erróneamente como "caja", desde el cual, abriendo en su curiosidad, liberó todo el mal en el mundo.

Deméter

Los griegos tienen que agradecer a Deméter que ponga comida en la mesa. Es la madre de la cosecha, la culminación de Gea y Atenea, la dadora del crecimiento y el grano. Además de su papel como fundadora proverbial de la fiesta, también tiene en sus manos el ciclo de la vida y la muerte, ella dicta el orden natural de las cosas. Desde el punto de vista genealógico, se encuentra entre los olímpicos más recientes, aunque se puede rastrear su existencia en su forma de madre de la agricultura más atrás que casi cualquier deidad olímpica.

Los símbolos de Deméter incluyen el trigo, la antorcha, la cornucopia y el pan. Curiosamente, no reclama un animal como símbolo viviente, ni se la asocia a menudo con muchos amantes masculinos. Como manifestación de la generosidad de la tierra, se la representa junto a varias flores y plantas o incluso dentro de ellas, especialmente la amapola, que crece en los campos de cereales de todo el Mediterráneo. Si no se la representa sola, a menudo aparece junto a su hija Perséfone, cuya ausencia de la tierra por su matrimonio con Hades provocó la llegada del invierno.

Deméter tenía uno de los mayores y más famosos cultos del mundo antiguo. Su ciudad patrona era Eleusis, en la costa sureste de Grecia. Cada año, los peregrinos acudían a este poblado para participar en los Misterios de Eleusis, un festival dedicado a la diosa de la cosecha y a su hija Perséfone. El festival era antiguo incluso para los griegos, dado que sus elementos se remontan al periodo micénico, varios cientos de años antes de las epopeyas de Homero, habiendo sobrevivido para ser adaptado por los romanos en su culto a Ceres. Los Misterios se centraban en el mito de la desaparición de Perséfone en el inframundo y en su viaje de vuelta a la tierra, y se dividían en partes rituales: su descenso, la búsqueda para encontrarla y su ascenso.

La diosa de la cosecha también gozaba del esplendor de una fiesta universal y localizada en toda Grecia, conocida como la Tesmoforia. Este ritual tenía lugar a finales de octubre y, según diversas fuentes, restringía su asistencia a las mujeres adultas. Este festival pretendía promover la fertilidad y la reproducción de las mujeres, lo que puede explicar su celebración anual en torno a la época de la cosecha.

Mitos

Dada la importancia alegórica de las fiestas de Deméter, es lógico que el mito más importante en torno a la "Madre del Grano" tenga que ver con la desaparición de Perséfone en las profundidades del inframundo. La historia es representada de forma más vívida y coherente por Homero, en su himno a Deméter. Este escribe que un día, en los campos de Zeus, la hija de Deméter llamada Perséfone y varias ninfas del océano, estaban cantando y recogiendo flores en un jardín griego del Edén, que por Gea fueron "hechas para crecer a voluntad de Zeus, para complacer a Hades y para ser una trampa para la flor (Perséfone)". Hades, aprovechando su oportunidad, montó su carro y secuestró a Perséfone de su jardín, arrastrándola al inframundo. Perséfone gritó pidiendo ayuda, aunque todos sus gritos no fueron escuchados por Zeus y sus compañeros olímpicos en la cima de la montaña, excepto por su atenta madre.

Al oír los gritos de auxilio de su hija, Deméter se despojó de su manto y descendió del Olimpo a toda prisa. Corrió por tierra y mar, buscando a su Perséfone por todas partes. Preguntó a todos los hombres y animales con los que se cruzó qué había sido de su hija, aunque ninguno quiso responder con la verdad, si es que siquiera respondían. Homero escribe que este patrón de búsqueda continuó durante nueve días. Justo antes del amanecer del décimo día, Deméter se encontró en sus viajes con una Hera que llevaba una antorcha y que, por tanto, había estado buscando a la desaparecida Deméter. La diosa de la cosecha le reveló a Hera por qué había huido del Olimpo, que su hija se había desvanecido entre gritos de auxilio y que era su deber maternal rescatarla. Guardando silencio, Hera tomó a Deméter de la mano, y a la luz de su antorcha la acompañó hasta el pie del carro de Helios.

La responsabilidad de Helios, como sabemos, es montar el carro del sol a través del cielo cada día. También es el eterno vigilante de ambos reinos: el mortal y el divino. Como ningún hombre o bestia revelaría con veracidad el paradero de Perséfone, se dejó que el franco Helios aliviara el dolor de Deméter. Le informó de que había visto a Perséfone llevada por el carro de Hades al inframundo, donde según Hades haría de Perséfone una esposa. Sin embargo, como su naturaleza es objetiva, Helios argumenta que, en lo que respecta a un marido, Perséfone podría tenerlo mucho peor. Después de todo, Hades es dios de todo un dominio y hermano cercano del rey de todos los dioses.

El razonamiento y la apatía percibida del auricular del sol no sirvieron para levantar el ánimo de Deméter. Maldijo al sol, al inframundo y al propio Zeus, imponiéndose un exilio y resignándose a lamentarse. Según Homero, tomó la forma de una anciana en la ciudad de Eleusis, que sabemos se convertiría en la sede de sus Misterios anuales. Acogida por las hijas del rey de Eleusis, se convirtió en confidente y comadrona de la reina y se le encargó la crianza del recién nacido Demofonte. Según el himno, no alimentó al niño ni con leche ni con alimentos sólidos, sino que lo ungió con ambrosía, a la manera de Apolo. Sin que la corte de los mortales lo supiera, bañaba al niño todas las noches con fuego para limpiarlo y encaminarlo hacia el camino de la inmortalidad. Al descubrirlo, la reina y su corte arrebataron al joven Demóforo del cuidado de Deméter, lo cual la enfureció. Abandonando su disfraz, maldijo a la isla con una guerra civil perpetua. La diosa de la cosecha se despidió entonces, prometiendo construir en la colina más alta un templo en su honor, donde se estudiarán sus rituales y se realizarán cada año para aplacar su ira. De ahí la ubicación de los Misterios de Eleusis.

Sola en su templo de Eleusis, sin hija ni hijo recién descubierto, Deméter se puso de nuevo de luto. Arrancó de la tierra sus frutos y granos, la secó hasta convertirla en una cáscara y dejó a su ganado en la indigencia. Su hambruna privó al pueblo de alimentos y a las deidades del Olimpo de sus habituales sacrificios. Sus hazañas en la tierra ya habían llegado a los oídos de Zeus y herido el orgullo del mismo, ya que se había cansado de la intromisión de Deméter en el mundo de los mortales. Envió a Iris, una diosa menor alada, al templo de Eleusis para exigir en nombre de Zeus el regreso de Deméter al Olimpo. Por supuesto, Deméter rechazó las súplicas de una deidad menor. No obstante, esto no disuadió a los olímpicos, quienes molestos porque la población de la tierra ya no sacrificaba en su honor, fueron uno a uno al templo de Deméter para exigir su regreso. A cada uno de los visitantes, Deméter les daba la misma respuesta: no les devolvería la generosidad de la tierra ni del Olimpo hasta que le devolvieran a su hija.

El hombre se quedó sin comida ni sacrificio. Como rey del Olimpo, el deber de Zeus era encontrar un compromiso adecuado entre Hades y Deméter. Para satisfacer a todas las partes, propuso que, aunque

Perséfone siguiera siendo la esposa de Hades, este no pudiera poseerla solo en el inframundo, y se le permitiera dividir su tiempo entre el reino de Hades y junto a su madre. Durante un tercio del año, mientras Perséfone estaba encerrada en el inframundo, Deméter concedía hambre y sequía a la tierra, dando lugar a la estación del invierno. Cuando esa estación pasó, Perséfone trajo consigo en un repentino impulso todo el crecimiento que había sido reprimido, ayudado en la celebración por su madre. A esto lo conocemos como la estación de la primavera, en la que la generosidad de la tierra vuelve a cobrar vida.

Dioniso

Siguiendo con el tema de la celebración, nos encontramos con el mismísimo señor de la juerga: Dioniso. También conocido como Dionisio, es el patrón de las fiestas, el vino, la juerga en general y el teatro. Naturalmente, de ello se deduce que también ejerce cierta influencia sobre el "ritual de la locura" de la embriaguez. Es esencialmente el rey de los borrachos. A menudo se le representa completamente desnudo y, a diferencia de sus hermanos del Olimpo, no necesariamente en la forma más cincelada. Su forma raya en lo femenino, es así que se le suele representar con rasgos suaves y con el pelo cayendo por la espalda y los hombros, aunque no suele estar despeinado. Podría decirse que Dioniso es realmente el más benévolo de todos los olímpicos aunque, ciertamente, es el más difícil de enfadar.

Dioniso parece una proverbial "oveja negra" cuando se le compara con sus homólogos olímpicos. No se preocupa por las luchas del hombre. No es tan vanidoso como para codiciar una posición mortal o divina, y parece contentarse con pasar sus días en reposo bebiendo una o doce copas de vino. Los antiguos griegos explican esta marcada desviación de la norma olímpica afirmando que, de hecho, Dioniso es un extranjero, un tracio de nacimiento divino que esencialmente se abrió paso a hurtadillas y con encanto en los salones inmortales del Olimpo.

Como dios de la celebración, Dioniso tiene un enorme dominio, ya que toca casi todas las facetas de la sociedad griega. Está presente en las bodas, los funerales, las cosechas y los sacrificios, por no hablar de todos los ritos religiosos. Cuando los oráculos caen en sus trances adivinatorios, se dice que Dioniso mueve los hilos.

Como viñador de los dioses y dador de frutos a la humanidad, los símbolos de Dioniso incluyen la uva y sus vides, la cabra, el cáliz y un bastón de hinojo enrollado con hiedra conocido como Trisis. Al igual que Deméter, Dioniso tenía un inmenso y antiguo culto en toda Grecia que existía incluso antes de Homero. Se especula que debido a la similitud de sus ámbitos, los Misterios de Eleusis estaban dedicados tanto a Deméter como a Dioniso, y esto se apoya en la evidencia de un gran número de seguidores dionisíacos en la isla de Eleusis.

Dioniso también reivindicaba, además de los Misterios, las fiestas de Dionisia y Antiesteria. La primera se dividía en dos partes: la Dionisia rural y la Dionisia urbana o "mayor". Ambas compartían el mismo objetivo: celebrar la cosecha de uva en todo el Ática, en agradecimiento al don de la fruta que Dioniso concedía a los griegos. En honor al dios de la juerga se celebraban obras de teatro y recitales de poesía para festejar y, naturalmente, el vino corría a raudales. Por otro lado, la Antiesteria era una fiesta de tres días que reflejaba algunos conceptos del Halloween actual. Aunque se celebraba en el equinoccio de primavera y no en el de otoño, marcaba los días en los que el vino del año anterior era apto para ser bebido, y así inducir al "ritual de la locura" que los griegos creían que diluía la barrera entre los vivos y los muertos.

Mitos

A diferencia de sus hermanos y homólogos olímpicos inmóviles, Dioniso tenía fama de ser un vagabundo crónico y compulsivo, que llevaba consigo la vid y el conocimiento de cómo cultivarla. Se dice que Sémele, la madre de Dioniso, lo sumió en un ataque de locura, lo que desencadenó su afán viajero. El mito afirma que a lo largo de sus viajes, dejó tras de sí franjas de vegetación y el conocimiento de cómo cultivar la uva. Algunas versiones del mito afirman que la obsesión de Dioniso por la uva surgió de una relación amorosa que mantuvo con un joven llamado Ampelos, que murió al caer de un olmo tras la petición de Dioniso de que custodiara las vides sagradas del dios. En su duelo, Dioniso convirtió a su amante en el fruto que producían las vides y lo sembró por todo el mundo en su tristeza.

En sus interacciones con la humanidad, Dioniso tiende a lo ambivalente, incluso a lo frívolo, a diferencia de sus hermanos y hermanas, cuya principal motivación sigue siendo la venganza y el egoísmo. Una de las historias más famosas del canon occidental lo tiene como protagonista. En ella causa a un poderoso rey un gran dolor y arrepentimiento por haber elegido sus palabras de forma descuidada. El rey al que le juega esta cruel broma es el rey Midas, con el que se tropieza mientras siembra sus uvas y prensa su vino. Dioniso, impresionado por la generosa hospitalidad de Midas, se revela como un dios del Olimpo y concede al rey un deseo, al que sabemos exactamente cómo respondió el rey. Incapaz de comer, beber o abrazar a sus hijos, Midas se desespera ante su toque de oro y ruega al dios del jolgorio que se retracte de su deseo. Dioniso accede de buen grado y lleva a Midas a un río, donde se lava y convierte el río en oro.

Dioniso, que no era ajeno a la locura, descendió una vez a ciegas al inframundo para traer de vuelta a su esposa y a su madre del reino de los muertos. No conocía el camino, y en su viaje, pidió ayuda a un anciano llamado Hipólipo. El anciano, enamorado del apuesto Dioniso, le prometió mostrarle la entrada al inframundo si el dios, a cambio, le prometía quedarse con su guía para siempre. Ansioso por rescatar a su familia, el joven Dioniso accedió a las exigencias del anciano. Sin embargo, cuando regresó del inframundo, descubrió que el anciano había muerto. Al regresar con su esposa y su madre al Olimpo, se dice que Dioniso recogió a Hefesto por el camino, ayudando al deformado artesano a volver al redil olímpico inmortal. El mito se ha interpretado como un triunfo del jolgorio y la celebración de la vida mortal sobre lo sombrío de la muerte, una antigua interpretación de la frase "El amor lo conquista todo".

Hestia

Podría decirse que la deidad periférica más importante de toda la religión griega es Hestia, diosa del hogar, la familia y el estado. La leyenda griega afirma que al bautizar cualquier edificio nuevo o al terminar cualquier casa nueva, el primer sacrificio que se ofrecía era a Hestia, para asegurar la prosperidad, la seguridad y la longevidad de la estructura y sus habitantes. Dado el estado de los numerosos restos de edificios griegos a lo largo de los siglos, podría decirse que Hestia ha hecho un buen trabajo cumpliendo su parte del trato divino.

La omnipresente Hestia solo tiene un verdadero símbolo: el hogar y el fuego que contiene. El suyo es un mundo sencillo y seguro, sin animales voraces ni los terrores del cielo y el agua. Su objetivo es proporcionar comodidad y comunidad bajo un techo y detrás de una puerta. Su dominio era la culminación de todos los reinos divinos anteriores, ya que una vez terminada la cosecha del grano de la tierra, Hestia se encargaba de convertir ese grano en pan mediante el fuego y de asegurar que hubiera suficiente para alimentar y calentar el hogar. Es la más humana de los olímpicos griegos, ya que la humanidad ejerce tanto control sobre su reino como ella. Hestia proporciona riqueza y calor a un hogar, al igual que la cantidad de trabajo que un hombre pone en él.

Curiosamente, a pesar de la importancia de Hestia en la mitología de la Antigua Grecia, nunca tuvo lugares de culto independientes. Otras deidades tenían sus templos y monumentos, lo sabemos, pero los templos de Hestia eran considerados por los griegos como las chimeneas de todos los hogares y edificios públicos. El hecho de que se hubiera difundido tanto en la cultura y las costumbres griegas dio lugar a un modo de pensamiento griego que la situaba fuera de los doce olímpicos. De hecho, se decía que había perdido su lugar entre sus hermanos y hermanas en favor de Dioniso para mantener la armonía cósmica.

Hestia es la mayor y la más joven de todos los olímpicos, según el mito de la degollación de Cronos. Fue la primera hija de Cronos y Rea. Debido a su antigüedad entre los olímpicos, a menudo se la representa con un aspecto apagado y maduro, una desviación sorprendente de muchas de sus homólogas olímpicas. Por encima de todas las diosas del Olimpo, irradia un aire matronal en muchas de sus representaciones. A menudo aparece embozada y vestida, con la cabeza cubierta, y extendiendo un brazo con un dedo que le hace señas. Cuando los olímpicos construyeron su templo en la cima de la montaña homónima y dividieron el mundo, Zeus ordenó que Hestia se encargara de mantener el fuego de la sala encendido y caliente con las porciones desechadas de los sacrificios de animales.

Mitos

A pesar de que Hestia tenía posiblemente la mayor y
más inmediata presencia en comparación con todas sus
homólogas olímpicas, sorprendentemente existen pocas
historias que la involucren. Una de las razones de esto,
es que tal vez no se la consideraba una "olímpica"
oficial, o tal vez que sus deberes como diosa del hogar
son esencialmente invisibles. Trabaja para que el hogar,
la familia, el festín y el calor sean abundantes y, como
tal, parece que no le sirve para intervenir en la vida de
los hombres. Sin embargo, conocemos al menos un
pequeño mito que trata de cómo obtuvo su posición
como guardiana del hogar divino.

Al igual que su hermana Artemisa, Hestia deseaba
permanecer casta durante toda la eternidad. Se dice que,
en un momento dado, tanto Poseidón como Apolo
trataron de convertir a Hestia en su esposa. Cuando
Zeus estaba dispuesto a comprometer a su hermana
con los lazos del matrimonio, Hestia se comprometió a
que si la dejaba permanecer en el Olimpo, al que amaba
por encima de todo, mantendría el hogar del enorme
templo cálido y acogedor. Influido por su devoción,
Zeus le permitió quedarse, dándole la posición no solo
de ama de casa divina, sino que le otorgó el regalo de
cada chimenea pasada, presente y futura como un altar
a su servicio. Ella sería colocada "en medio de la casa y
recibiría la porción más rica (de todas las ofrendas)",
según el himno de Homero.

En conclusión

Vemos que nuestros restantes olímpicos tienen una presencia humilde pero elevada en comparación con las otras deidades tratadas hasta ahora. Cada uno de nuestros cuatro olímpicos tiene el control de un mundo que existe principalmente en lo material, y dentro de esos mundos materiales, los gobernantes divinos trabajan para asegurar una mejor calidad de vida para la humanidad. Estos cuatro son, por encima de todo, los más benévolos y caritativos con la humanidad, otorgándoles la tecnología, las herramientas y la sabiduría que permiten el avance a través de las edades y el dominio del duro y a menudo letal mundo natural.

Vemos que estas cuatro divinidades están conectadas a la tierra de forma más íntima que sus homólogos. Dado que la humanidad surgió de la arcilla de la tierra, no es de extrañar que aquellos dioses cuyas herramientas y espacios están igualmente ligados al planeta ocuparan un mayor prestigio en la vida cotidiana griega. Estas cuatro deidades constituyen la base de la comunicación interpersonal y la celebración, uniendo las cadenas de las antiguas islas con la comida y la fiesta.

Capítulo 7:

El amor de abajo

Llegados a este punto, parece que nos hemos topado con un pequeño obstáculo a la hora de completar nuestros poderosos olímpicos. Nos queda el proverbial "elefante en la habitación", o quizás más apropiadamente, el "elefante de abajo". Hemos omitido de nuestra discusión hasta ahora a Hades y su dominio, el inframundo. Hay varias razones para ello. La más acorde con el pensamiento mitológico y religioso de la Antigua Grecia es que Hades técnicamente no es un olímpico, ya que al reclamar el inframundo, abdicó de su puesto entre los dioses en favor de la plena soberanía y autonomía sobre el reino de los muertos. La segunda razón, en consonancia con la primera, es que el reino de Hades es tan vasto, tocando tantas facetas de la vida divina y mortal a lo largo de la mitología griega, que dedicar un capítulo completamente separado a sus lugares, personas e historias parece casi necesario para empezar a entenderlo.

La muerte, como en todas las épocas, tenía una importancia especial para los griegos. Dados los terrores del entorno, la expansión de las fuerzas hostiles a través de la conquista, y que la tecnología médica era casi inexistente, los antiguos pueblos mediterráneos habrían estado rodeados de muerte por razones que escapaban a su comprensión. Naturalmente, basándose en su pensamiento religioso, sería lógico que los antiguos griegos crearan todo un ecosistema mitológico para intentar responder a las preguntas que parecen ser incongruentes con el comportamiento de sus divinos olímpicos más visibles y benévolos. Para los antiguos griegos, como para muchas otras culturas, la muerte era una especie de robo. Una vida era retirada del mundo visible, entonces surgían las preguntas: ¿Quién robó esa vida? ¿A dónde se la llevaron? No pudieron ser los numerosos olímpicos que la arrancaron del plano mortal, ya que si bien es cierto que eran vengativos y a menudo crueles, los olímpicos estaban mucho más satisfechos transformando a los humanos que matándolos directamente. Tampoco podían arrebatar la vida al Olimpo, ya que solo las deidades podían poner el pie allí.

Si las vidas desaparecían innegablemente, pero no se retiraban ni a la cima del monte Olimpo ni a las profundidades de Poseidón, entonces, mitológicamente, el único lugar al que podían ir era el más misterioso y opaco de todos: debajo de la propia tierra.

Era un mundo inimaginable para la mente de los antiguos, ya que desde debajo de la tierra crecía toda la vida y se marchitaba, así que lógicamente debía haber algo allí. ¿Qué era ese algo? ¿Cómo era? ¿Quién lo controlaba, y sobre todo, pretendía instigar la violencia contra los vivos? Las respuestas llegaron en otra forma, aunque sombría, de lo divino: Hades, sus caballos negros y sus extrañas criaturas abominables, el dios que menos se preocupa por la actividad de los mortales, más allá de reclamar sus almas para poblar su sombrío reino subterráneo que hoy comparte su nombre.

Hades

Hasta este momento, hemos mencionado al señor del inframundo como un personaje pasajero en varios mitos anteriores, y en su mayoría se ha comportado como alguien egoísta y astuto, empeñado en secuestrar o robar para beneficiarse. Hemos visto que es esencialmente su culpa que tengamos el invierno, entre otras desgracias terrenales. Hades, a veces llamado el "Zeus del inframundo", ocupaba una posición ciertamente egoísta, pero sorprendentemente apática. La creencia común era que a pesar de todo el mal que Hades podía infligir a la tierra, su principal deseo era mantener el equilibrio en el planeta compensando las acciones de su hermano.

No es de extrañar que Hades tuviera pocos lugares de culto en la Antigua Grecia. Por su superstición, evitaban llamar la atención sobre el señor del inframundo, ya que temían que invocarlo y hacer un juramento en su nombre podía suponer un final prematuro para quien lo hiciera. No obstante, en toda Grecia era tan venerado como temido y odiado. Se dice que a menudo recibía sacrificios y que en su culto los griegos apartaban los ojos de su imagen y se golpeaban la cabeza contra el suelo para asegurarse de que Hades los escuchara.

Al parecer, Hades solo abandonó su estado bajo la tierra en un puñado de ocasiones en su mito. Una vez, sabemos que partió para atrapar a la joven Perséfone, pero aparte de eso, Hades parecía seguir codiciando su soberanía y lo que consideraba un orden perfecto, natural y legal. En las obras de Homero se nos ofrecen muchas descripciones pintorescas del reino de Hades, en las que se describe la finca del señor del inframundo como "llena de huéspedes", lo cual es, con todo su contexto macabro, una forma bastante divertida de describir el eterno aprisionamiento de las almas. Estaba celoso de los que conseguían escapar de su tiránico sistema legal, quienes casualmente siempre parecen ser al menos medio dioses. Su amor por el orden, la justicia y el equilibrio es a menudo su perdición. Hades es totalmente su propio dueño, pero esclavo de sus propias reglas.

Mitos

Parece que la mayoría de los mitos directos de Hades emplean semidioses, y francamente parecen ser historias en las que los semidivinos son más listos y duran más que el señor del inframundo, amante del orden y de la ley, o lo superan. Heracles, Perseo y Odiseo se turnaron para confundir las reglas establecidas por Hades, quien con las manos metafóricamente atadas y los puños literalmente temblorosos, no tuvo más remedio que dejarlos regresar al mundo superior de los vivos.

Uno de los casos en los que Hades sale victorioso por su propia voluntad es en su relación con Teseo, el mítico rey de Atenas. Con un poder sin igual entre los griegos, el rey, en su arrogancia, conspiró con su mejor amigo Piritoo, un rey de Tesalia, para tomar a las hijas de los dioses como esposas, ya que aparentemente no podían encontrar ninguna mujer mortal que les complaciera. Teseo secuestró a Helena de Troya, manteniéndola como rehén hasta que estuviera en edad de casarse. Piritoo, insensato como era, eligió secuestrar a Perséfone. Hades, con cierto grado de omnisciencia, se enteró de los planes del rey de Tesalia y preparó un inmenso festín. Los dos reyes llegaron y fueron recibidos con una hospitalidad que rivalizaba con la del monte Olimpo, aunque mientras comían, Hades soltó silenciosamente serpientes para atar a los dos a sus sillas, en donde se sentarían por la eternidad con los sentidos tentados por la comida, pero con los estómagos siempre vacíos.

Hades también desempeña un papel esencial en otro mito extremadamente popular que ha sobrevivido: la historia de Sísifo en su intento de engañar a la muerte. Se cuenta que Sísifo, el hombre que se autoproclamaba más ingenioso que Zeus, rompió una promesa a este a cerca de que no revelaría la ubicación de Egina, una ninfa invisible que el rey de los dioses mantenía oculta. Furioso, Zeus ordenó a Hades que llevara a Sísifo a su reino y lo encadenara como castigo. Tras ser escoltado al inframundo, Sísifo se encuentra con Hades colocando las cadenas de castigo. Sísifo le pregunta a este si puede mostrarle cómo funcionan las cadenas como medio de castigo, a lo que Hades accede. Sísifo entonces lo encierra y huye de vuelta al mundo superior, aparentemente habiendo vencido a la propia muerte.

El problema surge cuando Hades es incapaz de cumplir con sus obligaciones como reclamador de almas, ya que si está detenido, nada puede morir. Los olímpicos no pueden recibir sus sacrificios de animales, el grano no puede ser cosechado, los ancianos no pueden pasar a mejor vida, y la peste se extiende, sin que el sacrificio de sus huéspedes lo impida. La tierra está sumida en el caos, y Zeus se da cuenta. Envía a Ares, que no es ajeno a las trampas y está furioso porque la guerra ha perdido su diversión, para que libere a Hades de sus cadenas y se ocupe del propio Sísifo. El ya famoso castigo impuesto al rey que burló a la muerte fue hacer rodar eternamente una roca por una montaña, para luego dejarla caer hasta sus pies.

Lugares del inframundo

El inframundo nos ofrece la oportunidad de vislumbrar la imaginación de los escritores de la Antigua Grecia, a diferencia de su exaltado Olimpo, del que apenas tenemos descripciones físicas. Una de las razones puede ser que muchos griegos entendían y estaban de acuerdo con el aspecto del Olimpo, por lo que plasmarlo en una página o en un poema hablado parecería redundante o innecesario. Sin embargo, el inframundo era y sigue siendo un lugar de gran misterio. Nadie lo ha visto nunca, pero dados los muchos terrores que provoca la muerte, cabe imaginar que el destino de las almas arrebatadas es cualquier cosa menos paradisíaco. Compuesto por ríos que dividen a las almas por su calidad y por campos donde esas almas pasan la eternidad, la geografía del inframundo es rígida, severa y abismal.

El río Estigia

El río Estigia es el lugar más famoso y reconocible de todo el inframundo griego, tras el monte Olimpo, podría ser el más reconocido de toda la mitología griega. Es el río que supuestamente separa el mundo de los vivos del reino de los muertos. Es una parte indispensable del ecosistema del inframundo, ya que proporciona la vía principal de transporte hacia el Tártaro para los recién fallecidos. Como muchos elementos del mundo mitológico griego, Estigia también se personifica como ninfa, es una hija de Océano castigada por Zeus por ponerse del lado de los titanes durante la Titanomaquia.

Estigia es uno de los cinco ríos infernales que confluyen en el centro pantanoso del inframundo, al que se denomina "la Estigia", término que hoy utilizamos coloquialmente para referirnos a cualquier páramo poco habitado. Se dice que la ninfa y su encarnación fluvial pueden conceder la invulnerabilidad a quien se bañe allí. De hecho, se dice que de niño Aquiles se sumergió en él, pero con su talón, lo que más tarde fue el lugar de su perdición por la flecha bien colocada de Paris durante la guerra de Troya.

El Tártaro

El Tártaro, la parte más profunda del reino de Hades, puede describirse como una mazmorra. Llegar a él, dice Hesíodo, llevaría nueve días de descenso desde el plano de Hades, que a su vez conlleva otros nueve días de descenso desde la tierra y, al mismo tiempo, supone nueve días más de descenso desde el Olimpo. Es el parangón del abismo, completamente desprovisto de luz y de esperanza. El castigo más severo que puede sufrir un alma eterna. El Tártaro, en efecto, es la "nada" de la muerte. Es un vacío del que no se puede escapar, salvo mediante la intervención divina.

Naturalmente, el Tártaro fue divinizado, como es costumbre en la Antigua Grecia. Es uno de los tres hijos originales del cosmos, y es el hijo mediano, atrapado entre su hermano mayor Caos y su hermana menor Gea. Es la única deidad griega cuyo reino permaneció intacto tras la Titanomaquia. De hecho, se dice que guarda a los titanes derrotados dentro de sus celdas.

Se dice que los que habitan en el Tártaro son los más miserables de todos los seres, y nuestro astuto rey Sísifo se encuentra entre ellos, haciendo rodar eternamente su canto rodado. Los titanes, como se ha mencionado, residen allí, al igual que el rey Tántalo, quien según el mito, asesinó a su hijo Pélope y lo sirvió como comida cuando fue invitado a cenar con los dioses en el Olimpo. Podemos ver que se trata de personajes totalmente desagradables, y dado el amor de Hades por la justicia, entender por qué estaban destinados a las cadenas del Tártaro.

El Elíseo y los Campos de Asfódelos

Aunque los castigos impuestos pueden haber sido duros y severos en muchos casos, en su mayor parte, el inframundo era menos temible para el mortal ordinario.

Los peores de los peores eran enviados al Tártaro, pero los que vivían sin ofender gravemente a los divinos eran enviados a los Campos de Asfódelos.

Los campos se describían como floridos y pacíficos, aunque no como los mortales imaginaríamos. Estaban llenos de flores, ciertamente, pero según Homero en su Odisea, eran un lugar oscuro, sin alegría ni risas. La impresión que se desprende de los campos es que, aunque el trabajo mortal haya terminado, el paraíso en el más allá queda reservado solo para los divinos.

Por otro lado, aquellas almas tocadas o consideradas dignas por los dioses serían escoltadas al Elíseo, un paraíso exclusivo que técnicamente estaba separado del reino de Hades, pero que existía en el mismo plano. El Elíseo, separado de su lúgubre contraparte del inframundo por el río Leteo, era un lugar de vida fácil, brillante y colorida. Las historias dicen que siempre había una brisa ligera del oeste que mantenía la temperatura manejable. Homero escribe sobre el Elíseo que además del calor no hay nieve, ni lluvia, ni sequía. Es el más allá perfecto e ideal, aunque parece poblado casi en su totalidad por semidioses.

El río Leteo

Otro de los cinco ríos del inframundo. Sabemos que el mítico Leteo bordeaba los dominios de Hades y los del Elíseo. Era el "río del olvido", ya que si uno caía en él o bebía de él, su alma olvidaba todo lo que había conocido. Era una creencia común entre los cultos de misterio de la Antigua Grecia, que todas las almas bebían copiosamente del río antes de reencarnarse. Se cuenta que, como parte de su castigo por intentar robar a Perséfone, el rey Piritoo fue arrojado al río, borrando así su memoria por completo.

El río trazaba su camino alrededor del interior del inframundo, rodeando la cueva de Hipnos, donde las almas descarriadas eran atraídas para dormir por la eternidad. Según algunas fuentes religiosas, el río tiene una hermana opuesta en el plano mortal llamada Mnemósine, que proporcionaba a los que bebían de sus aguas omnisciencia y memoria infalible.

Los ríos Cocytus y Phlegethon

Dos de los ríos restantes rodeaban la frontera del Hades, aunque fluían en direcciones opuestas: el Cocytus, también conocido como el "río de los lamentos" o "río de las lamentaciones", y el Phlegethon o el "río del fuego". Ambos servían para disuadir a los mortales de interferir y traspasar el reino de Hades, y ambos provocaban la más absoluta desesperación en la imaginación de la Antigua Grecia.

El Cocytus es único entre los ríos del inframundo en cuanto a que su profundidad varía, y esto se debe a que su propósito es contener a aquellas almas que se comportaron de forma traicionera o a la deriva en sus cuerpos mortales. Dependiendo de la magnitud de la transgresión, el traidor puede quedar sumergido desde las rodillas hasta por encima de la cabeza. No obstante, por mucha agua que tome la víctima, se verá resignada a gritar y lamentarse por toda la eternidad.

El Phlegethon es un río más sutil, a pesar de su contenido. Es un río de fuego del que se extraen algunas connotaciones de las ideas judeocristianas del "Infierno" y de su *inferno*. Después de rodear la frontera del Hades, el río se precipita en una cascada de fuego en las profundidades del Tártaro, siendo así el único de los cinco ríos que se precipita. Uno de los mitos que rodean al río de fuego está relacionado con la ninfa Estigia. Supuestamente, antes de ser convertidos en ríos por el vengativo Zeus, Flegetón y Estigia fueron amantes antes de la Titanomaquia. Al haber elegido el bando perdedor en ese conflicto, ambos fueron castigados simultáneamente. Al convertirse en el río que lleva su nombre, su ser físico fue consumido por los fuegos de Flegetón, a quien el retributivo Hades encargó de bordear su inframundo. Sin embargo, no exento de su sentido de la justicia, Hades, al ver que los castigos se cumplían de forma adecuada, permitió que los dos ríos se reunieran en su deambular por el inframundo.

Dos flores y un perro

Las localizaciones del mundo de Hades proporcionan un lugar maravillosamente rico para la vida de ultratumba, y al igual que sus primos en el plano material, los ríos y los campos están poblados de todo tipo de vida vegetal y animal simbólica. Algunas especies de vegetación terrestre, según el mito griego, incluso se originaron en el inframundo, y por fruición o por locura, acabaron creciendo en la tierra.

Menta

Una de las historias más intrigantes de la flora del inframundo es la de la planta de menta. Según el mito griego, no es una planta totalmente terrestre. La menta hunde sus raíces en el inframundo debido a los celos tan comunes que invaden a las antiguas deidades. Se cuenta que Hades, tras casarse con Perséfone, se enamoró de una de sus súbditas, una ninfa del río Cocytus llamada Menta. Algunos relatos dicen que la ninfa intentó seducir a Hades, que por consiguiente cayó bajo su hechizo. No importaba que el señor del inframundo llegara a adular a Menta, Perséfone no lo aceptaría. Tomando el asunto en sus manos, transformó a la ninfa en la planta de la menta, esparciéndola por el inframundo y el plano mortal, dándole un olor y un sabor tan fuertes que repelía a todos los animales.

Jonquil

A lo largo de las orillas de la famosa Estigia y en todos los Campos de Asfódelos crecen salpicaduras de junquillos, también conocidos como narcisos. Los pétalos blancos y los centros de yema que brotan en racimos por todo el inframundo llevan el nombre del joven así transformado: Narciso, el más vanidoso de los hombres griegos. Convertido en flor por despreciar a quienes le amaban, siguió siendo fragante, llamativo y venenoso, perfectamente adecuado como señuelo para la desprevenida Perséfone. Al ser arrastrada por el carro de Hades, Perséfone, según el mito, apretó un puñado de las flores entre sus puños, y así echaron raíces por todo el inframundo.

Cerbero

Cerbero era una de las criaturas más temibles y famosas de los mitos griegos, y además fue el feroz y leal compañero de Hades. Se le representa como un perro con múltiples cabezas, que van de tres a cien, y que suele sentarse obedientemente al lado de Hades cuando este se encuentra en su trono. En algunas representaciones, Cerbero se presenta como un sabueso de una sola cabeza, aunque con cientos de cabezas de serpiente deslizándose por su espalda. Su tamaño varía, aunque es comúnmente aceptado que como mínimo, es del tamaño de un hombre y a menudo mucho más grande. Aunque era el mejor amigo de Hades, se le encomendó la importante tarea de impedir que las almas descarriadas escaparan del inframundo de Hades. Era como el perro guardián del infierno, aunque se suponía que debía mantener a la gente adentro en lugar de afuera.

El mito más conocido sobre el sabueso de Hades se refiere al héroe Heracles, que como uno de sus doce trabajos, es enviado al inframundo para capturar a Cerbero. El héroe llega y se enfrenta a Hades pidiéndole amablemente que renuncie a la posesión del sabueso multicéfalo. Siempre legislador, Hades accede a desprenderse de Cerbero con una condición: que Heracles derrote al perro gigante en combate sin usar sus armas. Heracles sometió a la criatura y la arrastró a la superficie del mundo material, donde se dice que el perro vomitó, y a partir de ahí, la planta venenosa del acónito brotó sus primeras flores en la tierra.

En conclusión

Hay otros innumerables lugares, símbolos e historias variadas dentro del inframundo de Hades. Sumergirse más en su profundidad y amplitud daría lugar, casi con toda seguridad, a una obra literaria completamente nueva, lo cual no es el objetivo de este libro. Hemos intentado transmitir eficazmente aquellas historias y elementos sobresalientes que forman la base para la discusión sobre los sistemas de creencias y los símbolos del más allá de la Antigua Grecia, y esperamos que aunque este capítulo haya proporcionado un mapa coherente del mundo de Hades, deje muchos puntos de referencia sin descubrir, para que el lector pueda embarcarse en ese viaje por sí mismo.

Capítulo 8:

La "mitad" y las "medias tintas"

Hemos hecho grandes alusiones a esta idea de que la religión de la Antigua Grecia gravitaba hacia un mundo más humano que divino, pero todo eso es esencialmente especulativo. Por supuesto, tiene sentido que los primeros y sofisticados seres humanos entendieran el control del mundo en términos relativamente simples: esas emociones y motivaciones humanas universales. ¿Cómo podría ser posible acercar aún más los dos mundos y salvar por completo la brecha mitológica? La idea misma de culto o ritual religioso es insuficiente, ya que solo eleva a las deidades por encima de la humanidad. La oracularidad, aunque mística y mortal, proporciona en menor medida un puente hacia el reino divino y más una conexión con él, y de hecho una que puede cortarse con bastante facilidad.

¿Qué pasaría entonces si, a pesar de todas sus tentaciones de controlar la vida de los hombres, los dioses fueran responsables del nacimiento y la crianza de los hombres mortales? ¿Qué lugar ocuparían? Sin duda, no son totalmente divinos, pero tampoco son completamente humanos. ¿Su propósito en la tierra es ayudar a la humanidad o disuadirla de objetivos más nobles? ¿Actúan únicamente en nombre de sus superiores olímpicos, o es posible que dada su humanidad, tengan un auténtico lado altruista? Son muchas las preguntas que surgen al considerar a esos humanos medio inmortales: los semidioses. No obstante, podemos encontrar las respuestas salpicadas a lo largo de sus historias. Afirman no solo la creencia de los antiguos griegos en la fuerza de la humanidad, sino también la nuestra.

Hay un número excepcional de semidioses repartidos por toda la mitología griega. Sin embargo, debemos centrarnos en los más visibles, cuyas historias se han contado y reinventado a lo largo de los tiempos. De nuevo, nuestra labor es proporcionar un marco introductorio a la mitología. Nos centraremos en Aquiles, Heracles y Perseo porque todos ellos tienen en común el nacimiento divino, la tribulación que da forma al mundo, el triunfo sobre probabilidades aparentemente insuperables y, lo que es más importante, una multitud de textos supervivientes y alusiones contemporáneas en las que basarse.

Aquiles

Considerado el más poderoso de los guerreros griegos, el gran Aquiles desempeñó un papel fundamental en la Guerra de Troya y, como tal, en la Ilíada de Homero, el antiguo poema centrado en el legendario conflicto. Hijo de la ninfa del mar llamada Tetis y del rey de la antigua nación de los mirmidones conocido como Peleo. Hay varias historias en torno a la concepción de Aquiles, aunque un mito se destaca por su humor. Aparece en la obra de Esquilo llamada Prometeo encadenado, donde se dice que la madre de Aquiles, la casta Tetis, fue perseguida sin descanso por muchas de las divinas del Olimpo. Hera, la esposa de Zeus, uno de los dioses amorosos, profetizó que el hijo que Tetis daría a luz sería infinitamente más fuerte que su padre y usurparía cualquier derecho que este tuviera en el mundo. Al oír esto, los dioses olímpicos abandonaron inmediatamente sus ideas de conquista y obligaron a Tetis a casarse con Peleo, un rey mortal.

Si no estamos familiarizados con las historias de Aquiles, seguro que sí lo estamos con la parte de su cuerpo que es una leyenda: el talón. Se dice que Tetis, temiendo la destrucción de su único hijo a manos de los olímpicos, huyó al inframundo de Hades y a la seguridad de su hermana Estigia, el río de la invulnerabilidad. Así sumergió a Aquiles en él sujetándolo por el talón y manteniéndolo así seco. De este modo, el talón de Aquiles quedó como el único lugar vulnerable de todo su cuerpo, y es un término que utilizamos hoy en día para referirnos a una debilidad en una entidad aparentemente fuerte.

Como se ha mencionado anteriormente, Aquiles fue la figura central de la Guerra de Troya, luchando del lado de los griegos contra Troya. Homero nos cuenta que Aquiles llegó a Troya con cincuenta barcos mirmidones, cada uno con cincuenta soldados de su nación. Después de librar varias batallas con los troyanos y su héroe

Héctor, los griegos bajo el mando de Aquiles y su amigo de toda la vida, Patroclo, se vieron obligados a retroceder hasta las playas que albergaban sus barcos, tras lo cual Patroclo se puso la armadura de Aquiles y reunió a sus tropas para un contraataque. El contraataque tuvo éxito y obligó a los troyanos a retroceder hasta las famosas murallas de su ciudad, aunque Patroclo murió en el ataque y Héctor robó la armadura de Aquiles.

Al ver a su mejor amigo abatido en la batalla, Aquiles entra en cólera. Pide a Hefesto que le fabrique una nueva armadura, un nuevo escudo y una nueva lanza, y se lanza al campo de batalla, donde con su invulnerabilidad divina y su destreza con las armas mata a todos los soldados enemigos que encuentra en busca de Héctor. Homero escribe que su furia es tan grande que, si los dioses no hubieran intervenido, habría saqueado Troya él solo. Finalmente, Aquiles encuentra a Héctor y lo persigue por la ciudad amurallada varias veces antes de que Héctor vea que su destino es ineludible. Aceptando su muerte, le ruega a Aquiles que deje que su cuerpo sea tratado con el respeto de un guerrero caído, pero Aquiles no hace tal cosa, atando el cadáver de Héctor a la parte trasera de su carro y arrastrándolo por el campo de batalla frente a Troya. Sin embargo, en su último aliento, Héctor profetiza la caída del legendario Aquiles: que más adelante en la guerra, la flecha de su hermano Paris, provocaría la destrucción del héroe.

Análisis

En esta breve historia de Aquiles, como en muchas de las historias de los semidioses griegos, lo que vemos es la fuerza de la humanidad cuando se inspira en lo divino. En el caso de Aquiles, se ve llevado a una furia divina y en búsqueda de su venganza, no por una ofensa directa hacia él, como sería el caso de Zeus o Poseidón, por nombrarlos a los dos, sino porque uno de sus amigos más cercanos ha sido injustamente asesinado en la batalla. Vemos que los propios dioses deben intervenir contra la fuerza de un hombre, que se ve empujado no solo a realizar grandes hazañas en el campo de batalla, sino a una gran vergüenza en su profanación del cuerpo de Héctor. Esto demuestra que, aunque no hay nadie en la tierra más poderoso que este único guerrero medio humano, este está dominado por esas oscuras sombras de humanidad que persiguen a todos los hombres mortales.

Heracles

Si Aquiles es el guerrero griego más legendario, el lugar de héroe más grande debe pertenecer a Heracles. Posiblemente la figura más famosa de la mitología griega, las historias de Heracles están repletas de un rico simbolismo sobre la fuerza y la determinación de los mortales. Según todos los indicios, es el protector divino de la humanidad, actuando como puente entre el mundo mortal y el monte Olimpo. Sobre sus hombros descansa el destino de la humanidad y es, ante todo, su mayor defensor. Podemos imaginarlo simplemente como un superhombre de la Antigua Grecia. Sus trabajos y conquistas han contribuido a dar forma al canon literario occidental. Sus mitos se han contado y recontado a lo largo de la historia, pero siempre apuntan a la creencia de que la humanidad posee esas cualidades únicas de tenacidad y fortaleza interna que ponen incluso los esfuerzos aparentemente divinos al alcance de la humanidad.

El resultado del nacimiento de Heracles fue una de las muchas relaciones extramatrimoniales de Zeus. Entre las muchas historias sobre su concepción, se nos dice que Zeus sedujo a la mortal Alcmena disfrazándose de su marido. Hera, sabiendo perfectamente que la aventura había tenido lugar, y fiel a su carácter, tramó la venganza no contra su marido, sino contra su vástago medio humano. Envió a la cuna del joven Heracles un par de serpientes para despachar al héroe, aunque sin éxito. La fuerza y la constitución divina de Heracles, incluso cuando era un bebé, no provocó ningún temor, sino un instinto de dominación, ya que su madre terrenal lo encontró jugando con las serpientes como si fueran juguetes. Asombrada por el espectáculo, Alcmena convocó a Tiresias, un adivino, que predijo que el niño cumpliría el destino de un dios. Que sería el conquistador de innumerables criaturas.

La historia de Heracles se reanuda cuando en su época de juventud mata a su profesor de música llamado Linus con una lira, por lo que más tarde se vió obligado a abandonar la ciudad para dedicarse al pastoreo, allí supuestamente recibe la visita de los divinos en forma de dos viajeros. Uno de ellos le ofrece al joven Heracles una vida fácil y placentera, sin graves conflictos ni grandes recompensas, era el Vicio. El otro fue la Virtud, que ofrecía al héroe una existencia difícil y dura, plagada de luchas y brutalidad, en la que a pesar de toda su pelea, sería empujado a los salones de la gloria, con un asiento en el Olimpo como premio final. Naturalmente, podemos deducir que Heracles eligió esta última opción y se impulsó por el camino que daría lugar a su leyenda.

Se nos dice que, tras elegir el camino de la Virtud, Heracles se casó con la hija del rey Creonte llamada Megara, y tuvo diez hijos con ella. Llevado a un ataque de locura por la saboteadora divina Hera, acaba matando a su familia, incluida su esposa. Heracles vagó entonces por la tierra, curando finalmente su locura en el Oráculo de Delfos, del que Hera había tomado el control. Ella le indicó que para expiar sus crímenes, debía prestarse al servicio del rey Euristeo durante diez años, uno por cada hijo asesinado, y cumplir cualquier petición o tarea que el rey le exigiera. Otras historias afirman que el servicio fue el resultado de un compromiso entre Zeus y su vengativa esposa, el cual consistía en que si Heracles completaba doce tareas casi imposibles, habría demostrado ser digno de la inmortalidad. De cualquier manera, se nos da el contenido de la vida de Heracles: sus doce trabajos.

Hay muchas fuentes disponibles sobre los doce trabajos de Heracles. Por lo tanto, sería tedioso centrarse en ellos de forma individual, y por ello los trataremos brevemente, aunque te animamos a que busques estas historias por tu cuenta. Según el mito, las tareas que Euristeo encomendó a Heracles se realizaron con la ayuda de Atenea, que se había interesado por la vida del héroe. En un orden variable, este debía matar, capturar y robar para alcanzar la libertad. Se enfrentaría a la terrible Hidra, a las agresivas y vigilantes Amazonas y a las siempre defectuosas tres mil reses de Augías. Confía en su fuerza divina y en su inteligencia humana para atar las bocas de los caballos, ahuyentar a los pájaros devoradores de hombres, estar al acecho para capturar bestias aparentemente esquivas y robar manzanas de oro de un huerto celosamente vigilado. Su última tarea imposible, sabemos, fue conjurada por un temeroso Euristeo, que desconfiaba de que Heracles pudiera completar todos sus trabajos. Debía descender a las profundidades del inframundo y traer de vuelta a Cerbero, el perro guardián de múltiples cabezas de Hades, lo cual realiza, evadiendo con éxito la muerte y ganando su profetizado lugar en la cima del Olimpo.

Análisis

Aunque hay muchas más historias en torno a Heracles, las previamente mencionadas ocupan un espacio en la imaginación tan permanente como su inmortalidad. El hilo conductor de estos mitos son los rasgos humanos de Heracles. Incluso después de haber sido enloquecido por Hera, acepta su culpa, asume la responsabilidad y trata de enmendar sus transgresiones. Aprende a ser paciente, inteligente y diplomático. Llega a confiar menos en su fuerza física divina e inigualable y más en sus rasgos mortales. Por ello, debido a su compromiso con la superación personal, Atenea se interesa por su desarrollo. Lo que podemos aprender de las historias de Heracles es que a una persona le conviene ser completa y desarrollarse plenamente. No basta con estar dotado de un gran talento, sino que es necesario cultivar los puntos fuertes y mitigar las debilidades que se le presentan a una persona en la vida, porque, aunque alguien haya nacido medio dios, nadie es perfecto.

Perseo

El más antiguo de nuestros semidioses, mitológicamente hablando, es Perseo. Antes de la época del famoso Heracles, Perseo era considerado el mayor cazador de monstruos de la historia. Contemporáneo de Belerofonte, Perseo es el único semidiós que en su vida mortal, ocupó un lugar en la realeza. Fue el rey de la antigua nación de Micenas y de la dinastía de las Perseidas, de la que se profetizó que heredaría un Heracles aún no nacido. Aunque era de nacimiento divino, parece que Perseo confía menos en la ayuda de su familia olímpica y más en su propia inteligencia y fuerza nativas. Es realmente la imagen de un buen rey, deseoso de levantar las armas solo en defensa de los débiles y en nombre de la justicia.

La historia cuenta que Perseo era hijo de Zeus y Dánae, hija del rey de Argos. Como es habitual, se profetizó que el rey sería derrocado por la fuerza imposible de su hijo, por lo que encarceló a Perseo y a su madre en un ataúd de madera y los hizo flotar en el mar. Gracias a una oración de Dánae, los dos llegaron ilesos a la costa de Serifos, donde fueron acogidos por el rey Polidectes.

A medida que Perseo crecía, se dio cuenta de que Polidectes se deshacía en atenciones y afecto hacia su madre, lo que le parecía innoble, ya que consideraba al rey un hombre poco virtuoso. Polidectes, fiel a las suposiciones de Perseo, planeó frustrar la defensa que el héroe le proporcionaba a su madre inventando motivos para despacharlo. Celebró un gran banquete, pidiendo que todos los invitados portaran un regalo. Concretamente, el rey exigió que todos los invitados trajeran un caballo. Al no tener ningún caballo que ofrecer, el noble Perseo prometió traer al rey cualquier otro regalo que pudiera desear. Polidectes, considerándolo imposible, pidió a Perseo la cabeza de la Gorgona.

Perseo se puso a planear su imposible tarea, ya que ningún mortal se había acercado a la Gorgona y había sobrevivido, y mucho menos había tomado su cabeza. En su consternación, recibió la visita de la diosa de la sabiduría y la estrategia, Atenea. Ella se había interesado especialmente en Perseo como hombre dedicado a su palabra y le ofreció al héroe su ayuda divina. Atenea sabía, ya que fue ella quien convirtió a Medusa en Gorgona, exactamente cómo derrotarla. Guió a Perseo hasta las Greas, las tres "hermanas grises" mucho mayores de Medusa, que sentadas en círculo en la cima de una montaña, compartían un ojo para ver y un diente para hablar. Las Greas, según el mito, no solo conocían el paradero de Medusa, sino también las herramientas para destruirla. Aunque las tres se negaron a entregar a su hermana, Perseo con su astucia natural les arrebató su único ojo mientras se lo pasaban entre ellas, guardándolo como garantía y prometiendo devolverlo una vez completada su búsqueda.

Finalmente, Perseo encontró el huerto secreto del que hablaban los Greas y recogió una mochila que podía contener la mirada de la Gorgona. Recibió las sandalias y la espada de Hermes y el casco de invisibilidad de Hades. Atenea le proporcionó un escudo divino y, con su ayuda, encontró la cueva de la Gorgona. Con sus herramientas divinas, le cortó la cabeza. Además, según algunas historias, el caballo alado Pegaso voló del cuello de la Gorgona.

Análisis

Lo que vemos en las disputas que le ocurren a Perseo, es la humildad del espíritu humano. Es cierto que está dotado, como su descendiente Heracles, de una fuerza y un temple inigualables, pero Perseo se diferencia en que sus grandes trabajos son esencialmente desinteresados y en beneficio de los demás. Es un excelente juez de carácter, y aunque no está de acuerdo con Polidectes en cuestiones morales, entiende su lugar en la corte del rey y está agradecido por la vida que este le ha proporcionado.

Perseo también encarna los nobles rasgos humanos de honestidad y responsabilidad. Jura devolver al rey la cabeza de la Gorgona y lo logra, a pesar de los motivos ocultos de Polidectes. Por supuesto, roba el ojo de la Gorgona, pero solo para prometer que lo devolverá cuando termine su búsqueda, cosa que cumple. Es la imagen del ser humano recto y admirable. No busca la gloria para inmortalizar su propio nombre, sino para elevar a los que le rodean. Estos son los rasgos que le otorgan la simpatía de los dioses. En cierto modo, es la encarnación mítica griega del "karma", que obtiene del mundo exactamente lo que da.

En conclusión

Podemos ver que los semidioses de la Antigua Grecia, y estos últimos tres en particular, poseen los rasgos que aún hoy consideramos más nobles. Son generosos, ambiciosos, acosados por la determinación y tenaces en su búsqueda del éxito. Sin embargo, en su falible humanidad, también reivindican esas piezas sombrías de la personalidad que habitan en lo más profundo de todos nosotros: son, en algunos casos, ingenuos, precipitados e irracionales, llenos de orgullo y miopes. Tienden a precipitarse en los conflictos y solo después evalúan sus juicios. Son personajes cuyo propósito explícito es amplificar tanto lo humano como lo divino. Son completamente hiperbólicos y, sin embargo, su presencia despierta en nosotros cierta simpatía, ya que sus razones en sus luchas no nos son desconocidas, aunque las situaciones y las criaturas sí lo sean.

Capítulo 9:

"¡Vino de los griegos!"

Hemos visto que existe una plétora de mitos intrigantes sobre la creación de la tierra, los divinos que la vigilan y los individuos heroicos elegidos que actúan en nombre y en beneficio de la humanidad. Además de esas maravillosas personificaciones, los antiguos griegos nos dieron un bestiario de imaginación sin parangón. A pesar de todos los resoplidos y empujones que los olímpicos provocan en la tierra, son las criaturas de la mitología griega las que realmente inspiran el asombro o el temor del devoto.

Las criaturas de la mitología griega son algunas de las más icónicas e inspiradas en cualquier sistema de creencias. Lo que sorprende al lector de estas criaturas es que, aunque aparentemente ocupan un mundo imaginario, su existencia siempre tiene cierta verosimilitud. Podemos situarlas en el valle insólito de la verosimilitud. Hoy sabemos que no existen, pero para la mente de los antiguos griegos, con todo el tumulto y las incógnitas que el mundo material ocultaba a los ojos, ¿quién podría decir si una criatura con varias cabezas de animales diferentes podría existir o no?

En este capítulo, nos ocuparemos de varias de las bestias más frecuentes en la mitología griega: el centauro y sus variantes, pegaso, la quimera y la hidra. Todas estas criaturas ocupan un lugar concreto en la mitología griega, ya que cada una de ellas formaba parte del pensamiento religioso griego hasta el punto de haber desarrollado sus propias narrativas junto a sus homólogos divinos y semihumanos.

Centauros y demihumanos

Podría decirse que el centauro es la más sofisticada de todas las criaturas griegas. De hecho, es la más cercana a la humanidad, e incluso proporciona guía y sabiduría a la raza de dos patas, según algunas historias. El centauro es un cruce entre un caballo y un hombre, la parte inferior de su cuerpo es equina, mientras que de la cintura para arriba es decididamente humana, lo que le dota de los poderes del habla y la razón. Aunque poseen los nobles rasgos humanos de la comunicación, muchos mitos griegos los retratan principalmente como brutos y animales. En cierto sentido, pueden interpretarse como la manifestación opuesta del semidiós. Algunos estudiosos han considerado que su forma dividida representa la escisión de la humanidad primitiva entre su pasado instintivo, puramente animal, y el presente y futuro cerebrales, más analíticos. No obstante, otros más orientados a la historia afirman que el centauro es un recuerdo erróneo: que las criaturas eran en cierto sentido "reales", pero eran simplemente jinetes nómadas mal recordados.

Quirón

El más conocido de todos los centauros es Quirón, el mentor de Aquiles y guardián de Prometeo. Como hijo adoptivo de Apolo, Quirón gozaba de gran estima entre sus hermanos medio equinos porque se le consideraba el más sabio y mesurado de todos ellos. Mientras sus hermanos vivían según sus instintos animales, degradándose con los placeres carnales y la embriaguez, Quirón dedicaba su tiempo al desarrollo artístico e intelectual. Era famoso por su dominio y habilidad en la curación, la medicina y las artes de la caza, hasta el punto de que se le atribuye en todo el panteón como el inventor de la botánica y los remedios a base de hierbas.

Incluso su apariencia difería de la de sus hermanos. Quirón poseía más elementos humanos que un centauro promedio. En las representaciones de las bestias míticas, siempre se puede saber cuál es Quirón por sus patas delanteras humanas. En efecto, era un humano entero con medio caballo pegado a la espalda, mientras que otros centauros reclamaban las cuatro pezuñas. Podemos leer que Quirón posee estos rasgos claramente humanos porque es a través de sus acciones y su comportamiento más humano que animal, aunque actúa como puente de unión entre el hombre y la naturaleza, como es evidente a través de su enseñanza.

Minotauro

Una criatura que pertenece a la misma categoría que el centauro es el minotauro, la gran bestia taurina del rey Minos. Tiene las cualidades físicas invertidas del centauro: su cuerpo sigue siendo totalmente humano, mientras que su cabeza adopta la forma de la de un toro. También tiene cola de toro. Se dice que el minotauro es la razón por la que el gran inventor Dédalo creó el laberinto, por cuyos pasillos supuestamente vagaba el minotauro como su prisión.

La historia del minotauro comienza cuando el rey Minos, en competencia con sus hermanos por el favor de Poseidón y el control del reino, se dispuso a sacrificar un toro en nombre del dios del mar. Sin embargo, al recuperar el animal, Minos observó lo hermoso que era y se lo quedó, sacrificando un animal menor a Poseidón. Al enterarse de esto, Poseidón furioso como siempre, juró vengarse del rey e hizo que la esposa de Minos llamada Pasífae, se enamorara del hermoso animal. Pasífae reclutó entonces a Dédalo para que construyera una vaca hueca de madera para que pudiera aparearse con el toro. Así nació el minotauro. Bajo la protesta de su esposa, que amaba al niño, Minos no se atrevió a matar al infante con cabeza de toro. Hizo que Dédalo construyera el legendario laberinto, donde el minotauro permaneció hasta que Teseo descendió por él y mató a la bestia.

Sátiro

El tercer semianimal varía de sus homólogos en muchos aspectos. El sátiro, a diferencia de sus primos el centauro y el minotauro, es totalmente divino. Es un espíritu del bosque, a menudo representado con las orejas y la cola de un caballo y patas cortas, rechonchas y peludas como las de un burro. Se les representa caminando erguidos, a menudo bailando o en posesión de un instrumento, normalmente una lira o una flauta de pan. En algunos casos, se les atribuyen los rasgos de una cabra como los cuernos, así como la ocasional erección hiperbólica.

Los sátiros, más emparentados mitológicamente con la ninfa que con el centauro, son los espíritus del bosque del mundo de la Antigua Grecia. Son símbolos de la juventud, la alegría, el nuevo crecimiento y la pasión animal encauzada. Se les conoce como devotos seguidores de Dioniso y se les imagina a lo largo de las obras de teatro y los mitos como poseedores de un insaciable apetito sexual, un gusto por el vino y, sobre todo, un deseo de gastar bromas a los hombres y mujeres mortales. Todos estos rasgos se reducen a su esencia en la manifestación de un solo sátiro emblemático: Pan.

Pan

Pan es la imagen misma de un sátiro, ya que es el dios del campo, la cueva, la primavera, la música improvisada y la sexualidad. Es un mentor y un maestro, aunque no con su lado travieso. De sus historias nos viene el mito de la flauta de pan y, de hecho, su nombre se presta a nuestra palabra pánico.

Se cuenta que debido a su apetito de sátiro, Pan intentó seducir a la ninfa Syrinx, devota seguidora de Artemisa y, por tanto, consagrada a la castidad. Se cuenta que Pan persiguió a la ninfa por el bosque, y que Syrinx poco dispuesta a ceder, pero incapaz de seguir corriendo, se transformó en un junco anidado en un pantano. Cuando Pan se encontró con la ciénaga y los juncos, sopló una brisa a través de ellos que emitió un sonido que encantó a los oídos de Pan. Sin saber en qué caña se había convertido su deseada Syrinx, arrancó varias de distinta longitud, las ató y sopló por los extremos de todas, creando la flauta de pan.

Además de su inspiración musical, Pan también reclama la victoria total en nombre de los olímpicos durante la Titanomaquia. Mientras la guerra arreciaba, Pan afirma en uno de sus relatos que estaba durmiendo la siesta en un campo bajo un árbol, como se le puede encontrar a menudo. Al parecer, la acción del combate o tal vez un rayo perdido, perturbó su sueño tan repentinamente que se despertó con un sobresalto y dio rienda suelta a su voz divina. Pan gritó tan fuerte, según él, que asustó a los titanes, y estos cayeron del monte Olimpo hasta el Tártaro. Como vemos, aquí surgió el término pánico en el vocabulario común.

Pegaso

El caballo alado Pegaso, un símbolo famoso en todo el mundo, ocupa un lugar central en los mitos griegos. Se le ve al lado de una multitud de héroes antiguos, ayudándoles en sus tareas aparentemente imposibles. Es considerado un símbolo del triunfo del hombre sobre la naturaleza, así como una manifestación de la pureza del corazón y de los motivos. Se cree que es completamente blanco, con alas que suelen ser más grandes que el propio caballo y que brotan de sus hombros. Cuando sus poderosos cascos golpean el suelo para lanzarse hacia el cielo, algunos mitos dicen que brotan manantiales de la tierra.

Es de creencia popular que Pegaso es uno de los muchos vástagos de Poseidón, o como hemos ilustrado antes, nacido inmaculadamente de la sangre del cuello de la Gorgona. Un mito que reconcilia las dos historias es que Pegaso surgió de la sangre de la Gorgona cuando se derramó en el mar. De forma similar al nacimiento de Afrodita, el caballo surgió sin un verdadero "padre", aunque Poseidón tuvo que ver con su creación.

Independientemente de su nacimiento y filiación, sabemos con certeza que la tutora del caballo alado fue la diosa Atenea, ¿quién mejor para estabilizar al mayor aliado de la humanidad que la divinidad más inclinada a echar una mano a la humanidad? Sea quien sea el encargado de ayudar a Pegaso en un día determinado, podemos estar seguros de que los mitos proporcionan a nuestro héroe un camino a través de Atenea. Algunos relatos afirman que después de nacer, Pegaso se dirigió directamente al lugar en donde nacen los truenos y los relámpagos, al lado de Zeus, entre las nubes. Allí, en los pastos de Zeus, se dice que la diosa Atenea lo domesticó bajo la instrucción del rey de los dioses, y así se convirtió en el único dueño del caballo alado.

Por ejemplo, Belerofonte, quien fue uno de los grandes héroes preheráclicos, se unió a Pegaso cuando se le encargó la tarea de despachar a la Quimera. Se cuenta, que incapaz de ascender por sí mismo a la montaña donde esta vivía , el adivino Polyeidos le indicó que pasara la noche en el templo de Atenea, cosa que hizo. La diosa se le presentó en sueños y le otorgó una brida de oro, y cuando Belerofonte se despertó, descubrió que se había materializado. Se encontró con el escurridizo caballo alado en un manantial, y finalmente lo domó utilizando el regalo de Atenea. Pegaso ayudó a Belerofonte a destruir a la Quimera con gran facilidad, aunque la forma de su victoria hizo que el héroe se sintiera inflado en su autoestima y empezara a creerse igual a los dioses. Para frustrar su arrogancia, Zeus golpeó a Pegaso con un tábano mientras Belerofonte lo montaba, y el caballo alado arrojó al héroe de su lomo, donde se estrelló contra la tierra, rompiendo su cuerpo.

Pegaso también participó en el rescate de Andrómeda por parte de Perseo y, a su vez, aparece en el más famoso de los mitos griegos, que se ha contado y recontado en la literatura y en la pantalla grande muchas veces. Parte de la historia consiste en que el héroe sigue la pista del caballo alado hasta el lugar en donde Atenea lo había domado y, al ver que Perseo necesitaba un corcel y considerar que su carácter era digno, le ofrece a Pegaso.

Además de su papel de ayudante de los héroes, Pegaso era un compañero necesario del propio rey de los dioses. Sabemos por varias historias que el papel de Pegaso era llevar los rayos de Zeus y otras armas a la batalla. También compartía las mismas responsabilidades que las legendarias águilas gigantes de Zeus como guardián de la paz divina y agente de vigilancia de los mortales.

Quimera

Los antiguos griegos parecen asociar lo siniestro o impío con las deformaciones, la amalgama y el desequilibrio. Esto se hace evidente en sus imaginaciones de la Quimera, una terrorífica bestia de tres cabezas que vivía en una cueva en la cima de una enorme montaña. Algunas historias afirman que es la explicación detrás del volcán, otras que su propósito era guardar algún tesoro sobrenatural. Cualquiera que sea su razón de ser, se puede decir que es una de las criaturas más horribles y viciosas conjuradas por la imaginación griega.

Una de las razones por las que la Quimera infunde tanto miedo en la mente de los antiguos griegos es que tiene su hogar en el plano mortal. Cerbero, la serpiente del mar e Hidra, aunque todos son igualmente siniestros, no pueden ser encontrados por la humanidad durante sus viajes terrestres. La bestia ostenta la cabeza de un león que escupe fuego, de su flanco la cabeza de una cabra y de su cola la cabeza de una serpiente. Es un conjunto de criaturas que tienen algo en común: por una u otra razón, deben ser temidas por el hombre.

La Quimera, a diferencia de muchas de su familia mitológica, fue ampliamente aceptada y representada como una criatura femenina. Está escrito que Quimera fue la madre de la Esfinge egipcia y del león de Nemea, esa enorme bestia asesinada por Heracles como su primer trabajo. Se dice que la patria de Quimera era Licia en la actual Turquía, donde varias características geotérmicas han sido referidas durante mucho tiempo como "los fuegos eternos de la Quimera".

Mientras que la mayor parte de la mitología de las criaturas depende de la tradición oral y escrita, las historias de la Quimera son interesantes porque se cuentan principalmente a través de la expresión artística. Mientras que Homero y fuentes posteriores mencionan descripciones físicas de la Quimera, sus historias sobreviven principalmente en jarrones, joyas y otros fragmentos de cerámica. Esto podría deberse a que al ser una criatura esencialmente "extranjera", la concepción de la Quimera fue llevada a Grecia, donde floreció y se difundió por toda la cultura griega, aunque nunca se codificó del todo en la mitología. Los mitos tienden a corroborar esta idea, ya que la Quimera es un enemigo extranjero, desconocido, y aparentemente insuperable pero totalmente mortal, que es vencido por el Belerofonte "autóctono" con la ayuda del panteón decididamente griego.

Hidra

El gigantesco reptil de muchas cabezas conocido como la "Hidra de Lerna", fue la víctima del segundo trabajo de Heracles, y por una buena razón. Este monstruo con forma de serpiente aterrorizaba a los habitantes de la Antigua Grecia, ya que se decía que no solo poseía inteligencia, sino también, según algunos relatos, la capacidad de regenerar partes enteras de su cuerpo.

Se decía que la criatura era la más venenosa y letal de todas las bestias míticas, incluso en algunas historias se creía que su olor era letal. Tenía sangre portadora de enfermedades y aliento tóxico, y estaba dotada de cientos de dientes venenosos y afilados. Aunque el número de sus cabezas varía según las distintas fuentes y algunas lo sitúan en tres y otras en cincuenta, coincide en que la criatura tenía un tamaño gigantesco y que le volvían a crecer dos cabezas por cada una que perdía.

El hogar mitológico de Hidra era el lago de Lerna, en algún lugar de la parte oriental de la península del Peloponeso. El lago es importante como lugar del mito, ya que se consideraba una de las muchas entradas al inframundo, y como tal, es una de las puertas del reino de Hades. Según el mito, la Hidra de muchas cabezas es la única criatura bajo el dominio de Hades que vive principalmente fuera del propio inframundo.

Como sabemos, la Hidra encontró su fin cuando Heracles la venció como uno de sus doce trabajos. Como el solo olor de la criatura podría haberle matado, se cubrió la boca y la cara con una piel de cordero para no respirar los gases nocivos que emitía la criatura. Luego, tras acercarse sigilosamente a Hidra, Heracles le cortó la cabeza y consideró que el trabajo estaba terminado. Pero Hidra no fue vencida del todo, y le crecieron el doble de cabezas que Heracles había quitado. Al ver su situación, y sintiéndose rápidamente abrumado, Heracles llamó a su sobrino Iolaus para que lo ayudara. Por lo que, con el apoyo de su sobrino, Heracles blandió una espada de fuego y cauterizó cada una de las heridas que infligió en los distintos cuellos de la Hidra, frustrando así su potencial crecimiento. Tras matar a la criatura, Heracles mojó sus flechas en la bilis de la Hidra, envenenándolas. Las heridas resultantes serían incapaces de sanar.

En conclusión

El bestiario de la antigua mitología griega está repleto de criaturas realmente inspiradas. Incluso las que se han dejado de lado en este breve relato encierran una mística que despierta la imaginación y provoca eternas preguntas sobre el antiguo Mediterráneo. Lógicamente, estas criaturas no podían existir en sentido literal. ¿Qué eran entonces? ¿Eran seres humanos mal recordados? ¿O, como el legendario pez atrapado que no deja de crecer, algún encuentro con una criatura literal que se infló hasta alcanzar proporciones míticas con el paso del tiempo? Sea cual sea el caso, el bestiario en su versión más exquisita proporciona a los seres humanos de hoy en día una intrigante y codiciada visión de los miedos más terrenales y los peligros percibidos por los griegos de la Antigüedad.

Conclusión

Aunque el panteísmo de Grecia y sus adoradores casi han desaparecido de la tierra, tenemos la suerte de haber recibido a lo largo de los siglos aquellos artefactos culturales que nos vinculan íntimamente con nuestro pasado y nos conectan con el futuro. Es la imaginación y el anhelo de comprender e interpretar el mundo, lo que el panteón de la Antigua Grecia nos ha legado a nosotros, las personas de hoy.

En este trabajo, que no es ni mucho menos exhaustivo, hemos iniciado una sencilla evaluación de los rasgos más destacados de la mitología griega. Es de esperar que, con cierto grado de éxito, esas historias hayan cobrado vida y se haya subrayado su importancia. Hemos visto la creación del mundo, la construcción de los seres humanos, las criaturas y el fin de la vida misma condensados en un pequeño espacio, pero esto de ninguna manera debe traicionar o infravalorar las complejidades y matices del panteón griego o el modo de vida de la Antigua Grecia. De hecho, cualquier elemento de los temas e historias tratados en esta obra, es digno de innumerables libros y estudios. En parte, es esta misma inagotable complejidad de la cultura de la Antigua Grecia, la que le ha permitido sobrevivir a través de los tiempos a pesar de las cambiantes tendencias espirituales. Con una mano de mármol desmoronada y extendida, llega incluso ahora a la especulación, sostiene con fuerza la historia humana y apunta hacia el arte.

A lo largo de las tumultuosas épocas de la historia, la humanidad siempre ha parecido volver la mirada hacia atrás, hacia estos temas e historias clásicas e inmortales. Parece que la humanidad mira hacia atrás, no tanto por la nostalgia de la cultura politeísta, sino para ayudar a guiarla hacia adelante a través de cualquier obstáculo aparentemente insuperable que se le presente. De las historias de la Antigua Grecia extraemos esperanza, inspiración y confianza en que la humanidad es una especie noble. En cierto sentido, los mitos del panteón griego actúan como la Atenea de nuestro Odiseo, ya que confiamos en que tenemos el conocimiento y la experiencia necesarios para superar las dificultades, pero no rechazamos un poco de ayuda externa.

Hemos visto en nuestro breve estudio varios temas tan omnipresentes como los propios olímpicos: que la juventud debe ser valorada tanto por su energía y belleza como la edad por su sabiduría y experiencia, que el orgullo, de entre todas las locuras, es más recompensado con el dolor, y que aunque el mundo sea un lugar hostil, indigente e inhóspito, la familia y la comunidad pueden aliviar en gran medida esa carga.

Nos hemos familiarizado con los símbolos físicos de los divinos de la Antigua Grecia: sus árboles, animales, armas y ropas, y cómo y dónde se codificaron sus imágenes en toda Grecia, de modo que incluso hoy en día son inmediatamente reconocibles. Podemos identificar a Hermes, Hades y Hestia a primera vista, e incluso podemos explicar hasta cierto punto por qué se les representa de esa manera.

Hemos tendido un puente entre el mundo de los dioses y el de sus suplicantes, mostrando que, a pesar del temor y el respeto que los antiguos griegos profesaban a sus deidades, tenían la máxima fe en el poder del hombre para forjar su propio destino y asumir sus propias responsabilidades morales. Vemos que, aunque los dioses del Olimpo no son en absoluto responsables de su ira y destrucción, las fuentes de estos atropellos son sin duda las emociones humanas.

Aunque el panteón griego tiene fama de fantástico, de ultramundano y de verdaderamente imposible, cuando lo analizamos más de cerca, observamos que, aunque las conclusiones sobre el mundo y sus mecanismos tienden a ser descabelladas, las razones y la lógica que hay detrás de esas conclusiones son, para los estándares antiguos, bastante sólidas. Las criaturas no eran simplemente sacadas de la imaginación por miedo, sino con la intención de una explicación medida de un fenómeno o evento. Las catástrofes naturales e incluso los lugares precisos, suelen explicarse como el resultado de la acción particular de un dios o diosa o como consecuencia de la misma, no porque su omnisciencia "lo haya querido".

Más allá de cualquier fervor religioso o ideología, verdad o mentira, las antiguas mitologías griegas han transmitido a lo largo de los siglos la atemporalidad de la narrativa y la narración. Aunque ya no buscamos explicar el mundo a través de las maquinaciones internas de supervisores desnudos, furiosos e invisibles, de alguna manera nos siguen atrayendo esos temas, símbolos y nombres antiguos que resuenan en nuestra imaginación. Llevamos las formas y estructuras de estos relatos antiguos a nuestra narrativa moderna, e incluso los propios mitos han sido remodelados y retocados para adaptarse a nuestra sensibilidad contemporánea. Mientras que las ciencias actuales están acostumbradas a explicar el mundo en los términos más estrictos y precisos desde el punto de vista técnico, siguen reconociendo la importancia del mito griego a través de su nomenclatura.

Es a través de los mitos griegos, sus personajes y lugares que se nos permite mirar más profundamente dentro de nosotros mismos como especie, y así entender el mundo de una manera más holística. En ese sentido, la mitología de los antiguos griegos está viva y coleando, ya que sigue cumpliendo su propósito primordial de elaborar y ampliar el mundo que nos rodea, más allá y detrás de nosotros, aunque de una manera mucho menos dogmática. Vemos que, a pesar de la fluctuación casi constante de los puntos de vista, las costumbres, las naciones y las lenguas a través del tiempo y el espacio, hay algo de lo que nunca estamos muy alejados: la creencia de que, por encima de todo, es el poder de la imaginación humana el que puede dar forma al mundo.

Un pequeño mensaje del autor

Como autor de pequeña escala, las reseñas son lo que más me ayuda. Significaría mucho para mí que pudieras dejar una reseña sobre mi libro.

Si has disfrutado leyendo este libro y te ha impactado, por favor, escanea este código QR de abajo con tu cámara para dejar una reseña.

No te llevará más de unos pocos segundos y me ayudarás enormemente.

Gracias, ¡estoy deseando saber que te ha parecido mi libro!

Referencias

Aeschylus, & Griffith, M. (1983). *Prometheus bound [Prometeo encadenado]*. Cambridge, UK: Cambridge University Press.

Apollodorus, & Frazer, J. G. (2002). *Apollodorus: The library: With an English translation [La biblioteca de Apolodoro: Con una traducción al inglés]*. Cambridge, MA: Harvard University Press.

Apollodorus, & Frazer, J. G. (n.d.). *Apollodorus [Apolodoro]*, Library Sir James George Frazer, Ed. Retrieved August 20, 2020, from http://www.perseus.tufts.edu/hopper/text?doc=urn%3Acts%3AgreekLit%3Atlg0548.tlg001.perseus-eng1%3A1.2.1

Apollodorus, Higino, C. J., Smith, R. S., & Trzaskoma, S. (2007). *Apollodorus' Library and Hyginus' Fabulae: Two handbooks of Greek mythology [La Biblioteca de Apolodoro y las Fabulas de Hyginus: Dos manuales de mitología griega]*. Indianapolis, IN: Hackett Publishing Company.

Bulfinch, T. (1913). *Bulfinch's Mythology: The Age of Fable the Age of Chivalry Legends of Charlemagne [Mitología de Bulfinch: La edad de la fábula de la caballería y leyendas de Carlomagno]*. New York, NY 1913: Thomas A. Crowell Company. Retrieved from http://www.gutenberg.org/files/56644/56644-h/56644-h.htm

Burkert, W. (1985). *Greek religion: Archaic and classical [La religión griega: arcaica y clásica]*. Oxford, UK: Blackwell.

Callimachus, Mair, A. W., Mair, G. R., Lycophron, & Aratus. (1921). *Callimachus and Lycophron [Calímaco y Licofrón]*. London, UK: Heinemann. Retrieved 2020, from https://archive.org/details/callimachuslycop00calluoft

Callimachus. (n.d.). *CALLIMACHUS, HYMNS 1 - 3 [CALÍMACO, HIMNOS 1 - 3]*. Retrieved August 20, 2020, from https://www.theoi.com/Text/CallimachusHymns1.html

Clayton, P. A., & Price, M. (2015). *The seven wonders of the ancient world [Las siete maravillas del mundo antiguo]*. London, UK: Routledge.

Diodorus, & Thayer, B. (n.d.). *Book III, continued [Libro III, continuación]*. Retrieved August 20, 2020, from http://penelope.uchicago.edu/Thayer/E/Roman/Texts/Diodorus_Siculus/3D*.html

Frazer, J. G. (1994). *Studies in Greek scenery, legend and history: Selected from his Commentary on Pausanias' "Description of Greece" [Estudios sobre el paisaje, la leyenda y la historia de Grecia: Seleccionados de su Comentario sobre la "Descripción de Grecia" de Pausanias]*. London: RoutledgeCurzon. Retrieved from http://www.gutenberg.org/files/56002/56002-h/56002-h.htm

Grant, M., & Hyginus. (2019). *Hyginus, Fabulae [Fabula de Higinio]*. Retrieved August 20, 2020, from https://topostext.org/work/206

Hadas, M. (1950). *A History of Greek Literature [Historia de la literatura griega]*. New York, NY: Columbia University Press.

Herodotus, Flower, M. A., & Marincola, J. (2002). *Herodotus: Histories [Heródoto: Historias]*. Cambridge, UK: Cambridge University Press.

Hesiod, & Lattimore, R. (1991). *Hesiod: The Works and days, Theogony, the Shield of Herakles [Hesíodo: Los trabajos y los días, la Teogonía, el escudo de Heracles]*. Ann Arbor, MI: University of Michigan Press.

Homer, Fagles, R., & Knox, B. M. (2001). *The Iliad [La Ilíada]*. New York, NY, NY: Penguin Books.

Hurwit, J. M. (2001). *The Athenian Acropolis: History, mythology, and archaeology from the Neolithic era to the present [La acrópolis ateniense: historia, mitología y arqueología desde el neolítico hasta la actualidad]*. Cambridge, UK: Cambridge University Press.

Morford, M. P., Lenardon, R. J., & Sham, M. (2011). *Classical mythology [Mitología clásica]*. Oxford, UK: Oxford Univ.- Press.

Sealey, R. (2003). *A history of the Greek city states [Historia de las ciudades-estado griegas]* Ca. 700-338 B.C. Berkeley: Univ. of California Press. Retrieved from https://books.google.com/books?id=kAvbhZrv4gUC&hl=en

Simon, E. (1983). *Festivals of Attica: An archaeological commentary* [*Fiestas del Ática: Un comentario arqueológico*]. Madison, WI: University of Wisconsin Press.

Smith, W. (n.d.). *A Dictionary of Greek and Roman Biography and Mythology* [*Diccionario de biografía y mitología griega y romana*]. Retrieved August 20, 2020, from http://perseus.tufts.edu/hopper/text?doc=Perseus%3Atext%3A1999.04.0104%3Aalphabetic+letter

www.ingramcontent.com/pod-product-compliance
Lightning Source LLC
Chambersburg PA
CBHW031333060726
47590CB00007B/2442